Führer

ROM
und VATIKAN

Piazza dei Cinquecento - Museo Nazionale Romano - Palazzo Massimo - Piazza della Repubblica, Diokletiansthermen - Santa Maria degli Angeli - Santa Maria Maggiore - San Pietro in Vincoli

Kolosseum - Konstantinsbogen - Domus Aurea - Forum Romanum - Palatin - Kaiserforen - Piazza Venezia - Palazzo Venezia - San Marco Evangelista - Vittoriano - Kapitol - Palazzo Senatorio, Palazzo Nuovo und Palazzo dei Conservatori - Kapitolinische Museen - Santa Maria in Aracoeli - Chiesa del Gesù

Basilika Santi Apostoli - Platz und Quirinalspalast - Platz und Palazzo Barberini - Trevi-Brunnen - Via Veneto - Trinità dei Monti - Spanische treppe - Piazza del Popolo - Santa Maria del Popolo

Pincio - Villa Medici - Villa Borghese - Galleria Borghese - Galleria Nazionale d'Arte Moderna - Museo Nazionale Etrusco di Villa Giulia

Ara Pacis Agustae - Augustus-Mausoleum - Piazza Colonna - Piazza und Palazzo Montecitorio - Piazza und Kirche Sant'Ignazio - Pantheon - Santa Maria sopra Minerva - San Luigi dei Francesi - Palazzo Madama - Piazza Navona - Sant'Agnese in Agone - Sant'Andrea della Valle - Area sacra del 'Argentina - Palazzo Braschi, Römisches Museum - Palazzo della Cancelleria - Campo de' Fiori - Piazza und Palazzo Farnese - Via Giulia - Brücke und Engelsburg

Petersplatz - Petersdom - Kunstgeschichtliches Museum - Schatzkammer - Apostolischer Palast - Die Vatikanischen Museen - Sixtinische Kapelle - Vatikanische Gärten

Gianicolo - Sant'Onofrio - Eiche des Tasso - Leuchtturm des Gianicolo - Piazzale Garibaldi - Villa Doria-Pamphilj - Tempietto von Bramante - Bosco Parrasio - Botanischer Garten - Trastevere - Santa Maria in Trastevere - Santa Cecilia - Palazzo Corsini - Villa Farnesina - Tiberinsel

Schildkrötenbrunnen - Marcellustheater - Forum Boarium - San Giorgio in Velabro - Santa Maria in Cosmedin - Circus Maximus

Porta San Paolo - Pyramide des Caius Cestius - San Paolo fuori le Mura - Caracalla-Thermen - Triumphbogen des Druso - Porta San Sebastiano - Museo delle Mura

Via Appia Antica - Kallixtus-Katakomben - Sebastians-Katakomben - Circus Des Maxentius - Grabmal Der Caecilia Metella - Domitilla-Katakomben

Basilika San Clemente - Das Baptisterium Des Lateran - Basilika San Giovanni in Laterano - Lateranpalast - Die Scala Santa (Heilige Treppe) - Basilika Santa Croce in Gerusalemme

Foro Italico - Milvische Brücke - Auditorium 'Parco della Musica'

Archäologische Museen – Museen des Mittelalters und der Moderne – Militärmuseen – religiöse Museen – Museen des Vatikans

Geröstete Brotscheiben nach römischer Art – Mit Brot ausgebackene Mozzarella-Scheiben – Reiskroketten – Penne mit scharfer Tomatensoße – Bucatini nach Art von Amatrice – Bandnudeln mit Venusmuscheln – Teigwaren mit Kichererbsen – Kalbsschnitzel mit Schinken und Salbei – Milchlamm nach Jäger Art

HISTORISCHE HINWEISE

Die ersten Italiker, die sich auf dem Palatin ansiedelten und somit die Geschichte Roms begründeten, waren latinische Hirten von den Albaner Bergen. Sie errichteten schon frühzeitig die Servianische Mauer zum Schutz gegen Angriffe der tyrrhenischen Samniten und den schon hoch entwickelten Etruskern, ein antikes Volk, das schon bald von den besser gerüsteten Römern absorbiert wurde.
Mit der Gründung Roms hat die außergewöhnliche Geschichte der Stadt auf den sieben Hügel ihren Anfang. Sie führte zur Entstehung eines immensen Reiches, dessen Zivilisation jeden Winkel der damals bekannten Welt erreichte und deren Überreste fast unbeschadet bis in die heutige Zeit erhalten geblieben sind. Caesar, Antonius, Octavian Augustus, Nero und Konstantin waren nur einige der Hauptdarsteller, die mit wechselndem Glück und außergewöhnlichem Geschick dazu beigetragen haben, die glorreiche und unvergängliche Geschichte der Ewigen Stadt zu schreiben. Der Untergang des Römischen Reiches fiel hingegen mit dem Beginn einer neuen sozialen Realität zusammen, die ein Zeichen und Wegweiser für die gesamte Welt werden sollte: Das Christentum, dessen Stärke uns vor allem durch die geheimnisvollen und faszinierenden Katakomben bekundet wird. Nach der Einführung des Christentums hatte sich die Bevölkerung Roms schon auf dreizigtausend Einwohner reduziert, die zwischen dem „Pincio", Tiber und dem Kapitol verteilt lebten. Erst im 15.,16. und 17. Jahrhundert trugen weltberühmte Künstler wie Michelangelo, Bramante, Raffael, Caravaggio und andere mit ihrem Genie dazu bei, die Stadt wieder in ihrem alten Glanz erstrahlen zu lassen. Im 19. Jahrhundert wurde Rom dann wohlverdient zur Hauptstadt Italiens und als diese gelang es ihr, die schon bedeutende städtische Struktur zu erweitern. Der Rest ist moderne Geschichte, eine Geschichte die Rom nicht nur mit seinen Denkmälern zu verewigen gewusst hat sondern auch durch ein gesellschaftlich kulturelles Leben, das es zum Mittelpunkt und Wegweiser für die gesamte Menschheit werden ließ.

Saal der Konservatoren, Cavalier d'Arpino
Entdeckung der Wölfin, Detail

1

2

3

4

5

6

7

Route Nr. 1

❶ Piazza dei Cinquecento

❷ Museo Nazionale Romano
Palazzo Massimo

❸ Piazza della Repubblica

❹ Museo Nazionale Romano
Diokletiansthermen

❺ Santa Maria degli Angeli

❻ Santa Maria Maggiore

❼ San Pietro in Vincoli

8

9

10

1

Stazione Termini, Seiteneingang
Stazione Termini, Haupteingang
Diokletiansthermen
San Pietro in Vincoli
Santa Maria degli Angeli
Luftansicht der Kirche Santa Maria Maggiore
San Pietro in Vincoli, Michelangelo, *Moses*

Wir beginnen unseren Weg auf der Piazza dei Cinquecento, benannt nach fünfhundert italienischen Soldaten, die 1887 in Dogali fielen. Auf dem Platz sind noch die Überreste der Servianischen Mauer zu erkennen. Diese wurde 380 v. Chr. zur Verteidigung Roms vor den Galliern Senons errichtet und bildet heute einen Kontrast zu der modernen Stazione Termini. Auf dem Platz findet man außerdem den Palazzo Massimo, einen Sitz des Museo Nazionale Romano zusammen mit dem Palazzo Altemps, den nahen Diokletiansthermen, der Aula Ottagona oder der Minerva und der Balbi Krypta. Im Inneren kann man die Münzkunde- sowie Goldschmiedeabteilung bewundern, deren Schmuckstücke und Edelsteine fast alle aus Grabbeigaben stammen. Darunter stechen die des Mädchens von Grottarossa hervor. Darüber hinaus beherbergt das Museum Meisterwerke der klassischen Bildhauerei wie die Niobide degli Horti Sallustiani, der bronzene Boxer und verschiedene Nachbildungen römischer und griechischer Skulpturen wie der berühmte Diskuswerfer Lancellotti.
Die nahe Piazza della Repubblica, einst Piazza dell'Esedra, wird in der Mitte von dem Brunnen der Naiadi geschmückt. Der schönste moderne Brunnen Roms ist ein Werk von Alessandro Guerrieri, die Statuen stammen von Mario Rutelli (1901).
In unmittelbarer Nähe des Platzes findet man die Diokletiansthermen, die auf Geheiß des Kaisers zwischen 296 und 306 n. Chr. errichtet wurden. Sie waren die größten Thermen des antiken Roms und schließen heute in einigen originalen Räumlichkeiten sowohl die Basilika Santa Maria degli Angeli als auch einen Sitz des Museo Nazionale Romano ein. Die Basilika befindet sich in der ehemalige Aula des *Tepidarium.* 1563 baute es Michelangelo zu einer Kirche um, die 1749 von Luigi Vanvitelli restauriert wurde. Die Fassade ist aus antikem Backstein und weist ein erlesenes Portal auf, während man im Innere mit Grundriss in Form eines griechischen Kreuzes eine große Vorhalle sowie acht Original-Säulen aus rotem Granit findet, auf die sich die Kuppel stützt. Unter den zahlreichen hier vertretenen Gemälden aus dem 17. und 18. Jahrhundert sollte man besonders das *Martyrium des Hl. Sebastian*

Piazza della Repubblica
Museo Nazionale Romano bei den Thermen, Grosser Kreuzgang
Luftansicht der Diokletiansthermen und der Kirche Santa Maria degli Angeli
Piazza della Repubblica, Naiadi-Brunnen, Detail
Museo Nazionale Romano und Palazzo Massimo, *Sarkophag von Acilia*

13

14

von Domenichino beachten, das einst Teil der Peterskirche war. Im Museo Nazionale Romano alle Terme kann man den großen eleganten Kreuzgang bewundern. Er wird Michelangelo zugeschrieben und war wahrscheinlich aber ein Werk seines Schülers Jacopo Del Duca. Außerdem sehenswert sind der Ludovisi Kreuzgang und der Garten aus dem 16. Jahrhundert sowie die hauptsächlich epigraphische und frühgeschichte Abteilung des Museums.
Geht man die Via Nazionale weiter und biegt links in die Via Torino ein, kommt man zu der Basilika **Santa Maria Maggiore**, der wichtigsten Madonnen Wallfahrtskirche Roms. Sie ist eine der vier päpstlichen Basiliken (zusammen mit der Peterskirche, Sankt Paul vor den Mauern und San Giovanni im Lateran). Sixtus III. ließ die Kirche nach dem Konzil von Ephesus 431 errichten, die Außenmauern weisen allerdings zahlreiche Rekonstruktionen auf. Bedeutend sind die Mosaiken aus dem 13. Jahrhundert, welche die mittelalterliche Fassade unter der Loggia dekorieren sowie der romanische Glockenturm aus dem Jahr 1337, der mit seinen 75 Metern der höchste Roms ist.
Das Innere ist in drei mit Marmor und Gold verzierte Kirchenschiffe unterteilt. Giuliano da Sangallo dekorierte die hölzerne Kassettendecke Ende des 15. Jahrhunderts während das große Mosaik in der Apsis, *Krönung Mariens* aus dem Jahr 1295 ein Werk von Jacopo Torriti ist. Von den Seitenschiffen gehen zwei Kapellen mit anmutigen Kuppel ab. Rechts die Sixtinische Kapelle zu Ehren von Sixtus V. von Domenico Fontana 1585. Hier werden bedeutende Krippenfiguren unter dem mittleren Altar aufbewahrt, einem Werk von Arnolfo di Cambio (13. Jahrhundert). Links die Paulinische oder Borghese-Kapelle, die von Paul V. in Auftrag gegeben und von Flaminio Ponzio verwirklicht wurde. Dahinter findet man die Sforza-Kapelle, die von Giacomo Della Porta nach

17

Santa Maria Maggiore, Fassade

Santa Maria Maggiore, Fassade Rückseite

Santa Maria Maggiore, Jacopo Torriti, *Krönung Mariens*, Detail

Piazza Santa Maria Maggiore, Säule aus der Basilika des Maxentius mit der *Statue der Heiligen Jungfrau* auf der Spitze

Santa Maria Maggiore, Ferdinando Fuga, Baldachin

einem Entwurf Michelangelos errichtet wurde. Von der Via Cavour aus kommt man zu der Basilika **San Pietro in Vincoli**, benannt nach den Ketten, in denen der Apostel gefangen gehalten wurde und die hier aufbewahrt werden. Die Kirche wurde im 5. Jahrhundert von der Kaiserin Eudossia errichtet und auf Geheiß des Kardinals Giuliano Della Rovere, dem späteren Papst Julius II. 1475 restauriert sowie von Francesco Fontana zu Beginn des 18. Jahrhunderts. Das Innere besteht aus drei Kirchenschiffen, die von Säulen unterteilt werden und eines der berühmtesten italienischen Kunstwerke beherbergt: das Mausoleum von Julius II. Es wurde von dem Papst selbst bei Michelangelo für die Peterskirche im Vatikan in Auftrag gegeben, war aber beim Tod des Papstes noch unvollendet. Der *Moses* (1513), ein Werk voller Plastizität und verhaltener Energie ist die einzige Skulptur des Denkmals, das mit Sicherheit Buonarroti zuzurechnen ist. Die zahlreichen Gemälde in der Kirche werden hingegen Domenichino, Guercino und Bregno zugeschrieben.

19

18

18 San Pietro in Vincoli, Michelangelo, Mausoleum von *Julius II.*

19 San Pietro in Vincoli, Michelangelo, *Moses*

1

2

3

4

5

6

Route Nr. 2

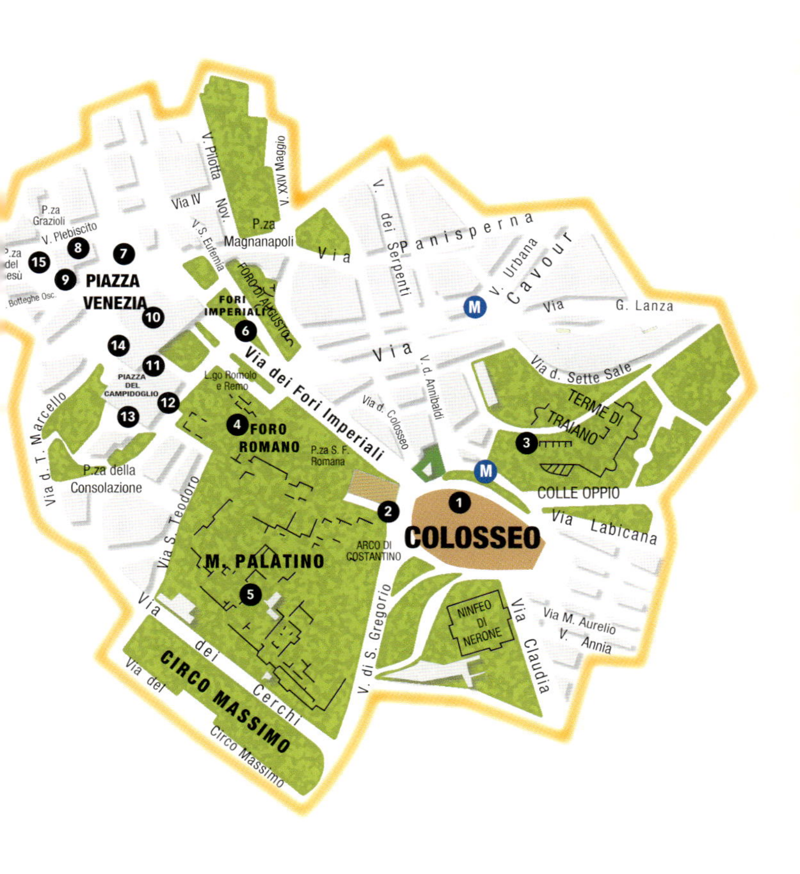

Kolosseum	9 San Marco Evangelista
Konstantinsbogen	10 Vittoriano
Domus Aurea	11 Kapitol
Forum Romanum	12 Palazzo Senatorio, Palazzo Nuovo und Palazzo dei Conservatori
Palatin	13 Kapitolinische Museen
Kaiserforen	14 Santa Maria in Aracoeli
Piazza Venezia	15 Chiesa del Gesù
Palazzo Venezia	

7

8

9

Die Via degli Annibaldi führt zum berühmten **Kolosseum**, dem Symbol für die Ewigkeit Roms und vielleicht eines der bekanntesten Monumente weltweit. Sein wirklicher Name ist Amphitheater Flavius, da der Bau 72 n. Chr. von Vespasian aus der Familie der Flavier begonnen wurde. Üblicherweise wird es aber Kolosseum genannt, wahrscheinlich weil davor eine riesige Statue Neros stand. Der Bau wurde unter Kaiser Titus beendet, der das Kolosseum 80 n. Chr. mit ausschweifenden Veranstaltungen und 100 Tagen Circusspielen einweihte, bei denen 5000 wilde Tiere getötet wurden. Das Kolosseum ist und bleibt das größte Amphitheater der Welt mit einer Höhe von etwa 50 m, unterteilt in drei Stockwerke, davon jedes mit 80 Bögen, einer Attika mit Lisenen, Fenstern und gut 240 Konsolen, die der gleichen Anzahl von Löchern im Kranzgesims entsprechen. Sie dienten zur Befestigung einer großen kugelausschnittförmigen Plane zum Schutz gegen Sonne und Regen. Im Inneren des Kolosseums fanden bis zu 50.000 Zuschauer Platz, denen durch vier Haupteingänge Einlass gewährt wurde.

Die Arbeiten zur Errichtung des angrenzenden **Konstantinsbogens,** dem größten erhaltenen Triumphbogen Roms, dauerten gut drei Jahre. Der Senat und das römische Volk widmeten ihn Kaiser Konstantin, um dessen Sieg über Maxentius vom 28. Oktober 312 n.Chr. an der Milviusbrücke zu feiern. Die Domus Aurea (das goldene Haus) liegt an der gegenüberliegenden Seite des Kolosseums, in der Via Labicana auf dem Esquilinhügel. Es handelt sich dabei um einen großen Palast, den Nero 64 n. Chr. errichten ließ und der später mit Erde aufgeschüttet wurde, um den Bau der Traiansthermen zu ermöglichen. Die heute erhaltenen Räume lassen jedoch die Pracht des ursprünglichen Bauwerkes erahnen. Die bemerkenswerten Stuckdekorationen und wunderschönen Malereien inspirierten die Künstler der Renaissance zu den außergwöhnlichen Dekorationen, die „grotesk" genannt werden.

Das **Forum Romanum** wird von der Via Sacra durchquert, die auf dem

10

Konstantinsbogen
Kolosseum
Ansicht des Forum Romanum und Kolosseum
Ansicht der Kirche Santa Maria in Aracoeli und des Kapitol
Konservatorenpalast, *Kapitolinische Wölfing*
Museum des Conservatorenpalastes, Exedra des *Marc Aurel*
Luftanblick des Kolosseums
Konstantinsbogen
Kolosseum, Innenansicht
Domus Aurea, Eingang
n 18-19, Ansichten Kolosseums

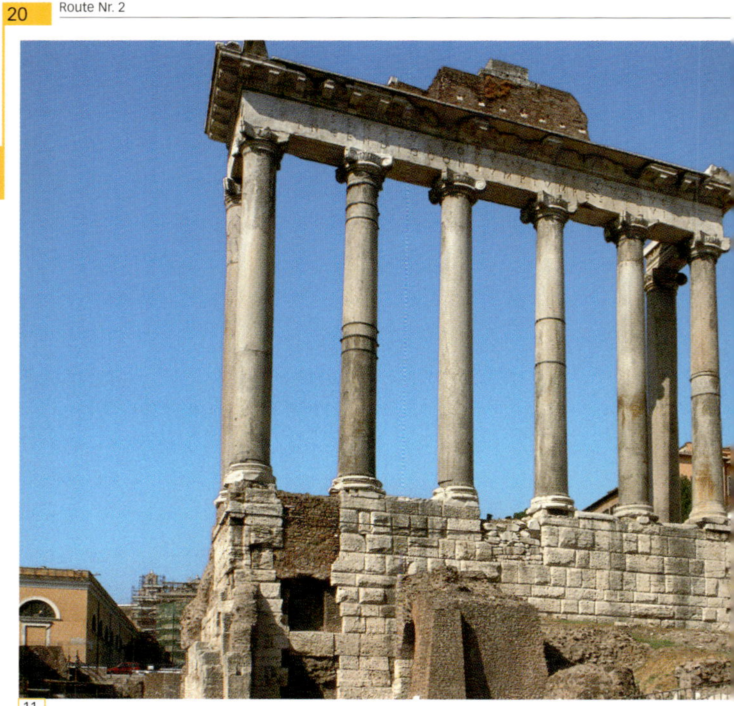

11

12

13

1

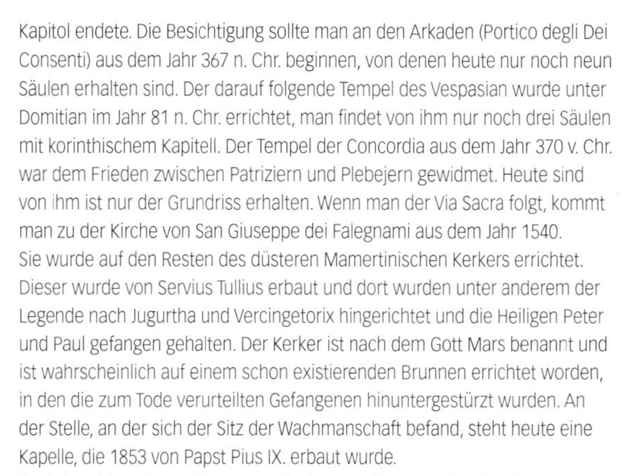

Kapitol endete. Die Besichtigung sollte man an den Arkaden (Portico degli Dei Consenti) aus dem Jahr 367 n. Chr. beginnen, von denen heute nur noch neun Säulen erhalten sind. Der darauf folgende Tempel des Vespasian wurde unter Domitian im Jahr 81 n. Chr. errichtet, man findet von ihm nur noch drei Säulen mit korinthischem Kapitell. Der Tempel der Concordia aus dem Jahr 370 v. Chr. war dem Frieden zwischen Patriziern und Plebejern gewidmet. Heute sind von ihm ist nur der Grundriss erhalten. Wenn man der Via Sacra folgt, kommt man zu der Kirche von San Giuseppe dei Falegnami aus dem Jahr 1540.
Sie wurde auf den Resten des düsteren Mamertinischen Kerkers errichtet. Dieser wurde von Servius Tullius erbaut und dort wurden unter anderem der Legende nach Jugurtha und Vercingetorix hingerichtet und die Heiligen Peter und Paul gefangen gehalten. Der Kerker ist nach dem Gott Mars benannt und ist wahrscheinlich auf einem schon existierenden Brunnen errichtet worden, in den die zum Tode verurteilten Gefangenen hinuntergestürzt wurden. An der Stelle, an der sich der Sitz der Wachmanschaft befand, steht heute eine Kapelle, die 1853 von Papst Pius IX. erbaut wurde.
Zurück auf dem Forum Romanum findet man die Kurie, den Sitz des römischen Senats. Der Überlieferung nach soll sie vom König Tullus Hostilius gegründet und 638 in eine Kirche umgewandelt worden sein. Von ihr sind noch die Plutei Traiani zu sehen, die zwei Episoden aus dem Leben des Kaisers darstellen. Gegenüber der Kurie hat das Comitium seinen Sitz, der Ort an dem Volksversammlungen stattfanden sowie der Lapis Niger. Benannt wurde er nach der großen, dunklen Steinplatte, unter welcher der Sage nach sich Romulus Grab befinden soll. Fast vollständig erhalten ist der Triumphbogen des Septimius Severus aus dem 3. Jahrhundert, dessen drei Bögen schöne Säulen zieren. Auf der Linken sieht man die Rosta, das heißt die Tribüne, von der die römischen Redner sprachen. Davor steht die Colonna di Foca aus dem Jahr 608, das letzte im Forum Romanum errichtete Monument. Hinter der Via Sacra findet man die Basilika Iulia, die 54 v. Chr. von Julius Caesar zur Verwaltung des Gerichtswesens erbaut wurde. Der Saturntempel von 497 v. Chr. hatte hingegen die Funktion der Staatskasse: schön sind die acht Granitsäulen mit ionischen Kapitellen, elegant die drei korinthischen Säulen des nahen Tempels von Kastor und Pollux aus dem Jahr 484 v. Chr.
Geht man weiter, findet man rechts den Tempel des Julius Caesar, wo dieser 44 v. Chr. eingeäschert wurde. Es folgen dann der Triumphbogen des Augustus, die Juturna-Quelle, das Oratorium der vierzig Märtyrer und die Kirche Santa Maria Antiqua, die auf einem heidnischen Tempel errichtet wurde und Fresken aus der Zeit zwischen dem 6. und 8. Jahrhundert aufweist. In der Nähe des Triumphbogen des Augustus sind darüber hinaus die Grundfeste der Regia zu beachten. Diese war das einstige staatliche Archiv, in dem auch die berühmten Annalen des Tacitus aufbewahrt wurden und von dem man sagte, es sei der Wohnsitz von Numa Pompilius gewesen. Gegenüber steht der Vesta-Tempel, in der Nähe davon das Haus der Vestalinnen, Jungfrauen, welche die Aufgabe hatten, das heilige Feuer der Stadt zu hüten, dem Symbol für das unauslöschliche Leben Roms.
Der Tempel von Antonius und der Faustina, 141 n. Chr. liegt ebenfalls auf der Via Sacra. Er wurde vom Kaiser Antonius Pius zum Gedenken an seine Ehefrau errichtet, später dann aber zur Kirche San Lorenzo in Miranda umgewandelt. Der Tempel weist vor der Fassade aus dem 17. Jahrhundert zehn elegante monolithische Originalsäulen auf. Ebenfalls auf der Via Sacra auf der linken Seite erhebt sich der Tempel des Romulus, ein Rundbau mit einem schönen Bronzeportal und Originalschloss. Der Tempel wurde unter

Saturn-Tempel
Bogen des Septimus Severus
Tempel des Antonius Pius und der Faustina – San Lorenzo in Miranda
Haus der Vestalinnen

15

16

Maxentius 308 begonnen und war dessen schon als Kind verstorbenen Sohn Romulus gewidmet. 527 wurde der Tempel als Vorhalle für die Basilika SS. Cosma und Damiano genutzt. Die Kirche wurde von Papst Felix IV. aus der Zelle des *Templum Sacrae Urbis* (oder *Bibliotheca Pacis*) gebildet und enthält Mosaiken aus dem 6. Jahrhundert sowie Barockdekorationen.
Maxentius ist die imposante Basilika gewidmet, die 308 begonnen und unter Konstantin 312 fertiggestellt wurde. Dort befand sich die Verwaltung des Rechtswesens. Heute ist nur ein einziges Kirchenschiff mit 25 Meter hohen Gewölbenbögen erhalten (die Gewölbebögen des Mittelschiffes waren gut 35 Meter hoch), welche die herrliche Kassettendecke hervorheben. In der Basilika, die einen zweiten Eingang von den Kaiserforen aus besitzt, werden im Sommer Konzerte veranstaltet. Die Via Sacra endet beim Titus-Bogen, einem Triumphbogen, der nach dem Sieg des Kaisers über Jerusalem errichtet wurde. Graziös sind die Basreliefs mit Siegesszenen, großartig der einzige Bogen gesäumt von Säulen mit Kanneluren und Gebälk.
Der Palatin ist reich an Kaiserpalästen und hebt sich gegen das Forum Romanum und den Circus Maximus ab. Augustus wählte ihn als Wohnsitz und ließ dort einen Gebäudekomplex errichten. Kaiser Tiberius hielt allerdings den Palast des Augustus für unzureichend und ließ einen anderen, seinem Rang würdigen, erbauen: die Domus Tiberiana, deren Reste noch heute zu sehen sind. Im Mittelalter siedelte sich in der Domus die Adelsfamilie Frangipane an, und im 16. Jahrhundert errichtete die Familie Farnese dort eine prächtige Villa wie noch heute die weitläufigen Farnesinischen Gärten bekunden, die den Geschmack des 16. Jahrhunderts widerspiegeln.
Der Tempel der Magna Mater oder Kybele besteht aus archaischen Bauten, die auf das Jahr 204 v. Chr. zurückgehen. Darunter sticht der angebliche Wohnsitz des Romulus hervor. Das Haus der Livia hingegen war die Wohnung der Ehefrau des Augustus und vielleicht auch des Kaisers selbst und ist ein typisches Beispiel für ein römisches Patrizier-Haus mit Triclinium, Tablinium (Wartesaal) und zahlreichen Malereien aus dem 1. Jahrhundert n. Chr. Der unterirdische Cryptoporticus (Kellerkorridor) neben der Domus Tiberiana führt zum Palast der Flavier. Dieser wurde von Domitian im 1. Jahrhundert n. Chr. erbaut und schließt in seinem Inneren die Basilika für Konferenzen und Audienzen des Kaisers ein sowie die Aula Regia (durch die man in das Peristyl und den kaiserlichen Speisesaal kam) und das Privatgemach des Kaisers. Die von Domitian errichtete *Domus Augustana* war für gewöhnlich der Wohnsitz des Kaisers, während das ebenfalls von Domitian in Auftrag gegebene Stadion eine weite Fläche von (160 x 80 m) bedeckte und von einem Porticus umgeben war, in den sich die kaiserliche Tribüne eingefügte. Die Thermen des Septimius Severus wurden zur Komplettierung des Kaiserpalastes erbaut wie an den Apsidialräumen und den Bädern zu sehen ist, die heute noch die Originalanlage aufweisen.
Kehrt man dem Kolosseum den Rücken zu, kommt man zu den Kaiserforen. Diese sind als Erweiterung des antiken Forum Romanum entstanden, dessen Kapazität sich als unzureichend erwiesen hatte. Angefangen wurden sie von Julius Caesar mit einem neuem Platz (Forum) und später dann von Augustus, Nerva und Trajan weitergeführt. Letzterer ließ das größte und wichtigste Forum von allen errichten mit einer Länge von 300 Metern und einer Breite von 185. Es wurde am 12. Mai 113 n. Chr. eingeweiht und entstand nach einem Entwurf von Apollodorus aus Damaskus. Auf den Überresten des Forums wurde im 12. Jahrhundert das imposante Haus der Ritter von Rhodi errichtet. Die Via dei Fori Imperiali wurde zur Zeit des Faschismus erbaut. Mit ihr sollte eine Triumphstraße verwirklicht werden, die das Kolosseum mit der

Maxentius-Basilika
Stadion des Domitian
Palatin

18

19

20

Piazza Venezia, dem Machtzentrum des Regims verband und die Kaiserforen zweiteilte. Auf der rechten Seite von der Piazza aus liegt das Caesar-Forum mit dem Tempel der Venus Genitrix, der schöne Säulen korinthischer Ordnung aufweist und von Trajan im 2. Jahrhundert n. Chr. erbaut wurde.
Das gegenüberliegende Augustusforum entstand nach der Schlacht von Filippi (42 v. Chr.), als Augustus Caesars Mörder Brutus und Cassius besiegte. Unter den wenigen heute noch erhaltenen Ruinen sticht besonders der Mars-Tempel hervor. Von dem Nerva-Forum (96 n. Chr.) sind nur noch einige Säulen übrig ("colonnacce" genannt), über denen sich ein interessanter Fries befindet. Von der Maxentius-Basilika aus kann man die Kirche Santa Francesca Romana oder Santa Maria Nova erreichen. Diese entstand im 10. Jahrhundert und wurde im Laufe der Jahrhunderte außer dem Glockenturm komplett renoviert. Im Inneren findet man Werke aus dem 12. und 13. Jahrhundert sowie einen schönen Cosmaten-Fußboden von großer Räumlichkeit. Zur Besichtigung des Antiquarium Forense, tritt man in das nahe Kloster ein und betrachtet die zahlreichen Fundstücke aus den Kaiserforen, dann geht man weiter in den von Kaiser Hadrian 135 n. Chr. errichteten Tempel von Venus und Rom. **Piazza Venezia** befindet sich fast in der Mitte Roms und von hier gehen die Hauptverkehrsadern der Stadt ab. Seinen Namen bekommt der Platz von dem Palazzo Venezia, ein herrliches Beispiel für die Renaissance-Architektur. 1455 ließ ihn der Kardinal Pietro Barbo (der spätere Papst Paul II.) errichten. Der Palast war zuerst Papstresidenz, später dann venezianische Botschaft, daher auch sein Name, 1797 Sitz der österreichischen Botschaft und schließlich Eigentum des italienischen Staates. Heute befindet sich in dem Palast das gleichnamige Museum, das Werke aus unterschiedlichen Jahrhunderten und verschiedener Herkunft aufbewahrt. Die wichtigsten sind das *Triptychon von Alba Fucens* aus dem 14. Jahrhundert, das *Haupt Christi* von Benozzo Gozzoli, ein *Engel mit der Kartusche des Kreuzes* von Bernini, einige Gemälde von Guercino und darüber hinaus Gobelins, Waffen, Rüstungen, Majoliken, Silberwaren, Stoffe, Ringe, Fächer aus dem 17. Jahrhundert und Kruzifixe.

Luftansicht des Forum Romanum
Trajanssäule
Trajanssäule, Detail
Trajansmärkte

22

23

24

Links von der Piazza Venezia steht die Basilika **San Marco Evangelista**. Sie wurde im 4. Jahrhundert errichtet, mehrmals aber von verschiedenen Künstlern neu wieder aufgebaut. Die Fassade ist vermutlich das Werk von Alberti während der Porticus Maiano zugeordnet wird. Das Innere weist viele barocke Dekorationen auf. Die Kassettendecke ist ein schönes Werk aus der Renaissance-Zeit, die Apsis ist mit prächtigen Mosaiken aus dem 11. Jahrhundert geschmückt und die Sakristei mit einem schönen Tabernakel von Mino da Fiesole. Am Ende der Piazza Venezia zu Füßen des Kapitol-Hügels ragt die mächtige Silhouette des **Vittoriano** empor, ein Monument, das Vittorio Emanuele II. gewidmet ist und das Giuseppe Sacconi in der Jahrhundertwende zwischen dem 19. und 20. Jahrhundert verwirklichte, um die Einheit Italiens zu feiern. Es handelt sich dabei um ein neuklassizistisches Werk, bei dem Säulen, Siegesdenkmäler, allegorische Figurengruppen und Basreliefs nach antikem römischen Stil ins Auge stechen. Der Vaterlandsaltar ist auch die letzte Ruhestätte eines *Unbekannten Soldaten*, der während des Ersten Weltkrieges gefallen war (1915-1918). Die Brunnen an den Seiten der Treppe symbolisieren den *Triumph der Vaterlandsliebe* links und den *Triumph der Arbeit*. Die Statuen über dem Porticus stellen die *Regionen Italiens* dar während die zwei Quadrigen oben die *Freiheit* und Einheit *Italiens* verkörpern. Alles überragend ist die Reiterstatue des *Vittorio Emanuele II.*, König Italiens, ein Werk von Enrico Chiaradia, beendet von Emilio Gallori. Im Inneren des Palastes hat eine Bibliothek ihren Sitz, ein Museum und das Institut für die Geschichte des italienischen Risorgimento. Zur Rechten des Monuments erhebt sich das Kapitol, der kleinste der sieben römischen Hügel und seit jeher religiöses und politisches Zentrum. Den Kapitolinischen Hügel kann man über eine von Michelangelo 1536 entworfene Stufenrampe erklimmen. Diese ist von großen Statuen und Siegesdenkmälern gesäumt. An ihrem Fuß befinden sich zwei ägyptische Löwen, auf halber Höhe links ein Monument an *Cola di Rienzo*, ein Werk von Girolamo Masini (1887) und oben die Statuen der Dioskuren, Kastor und Pollux zusammen mit verschiedenen antiken Skulpturen, die auch *Trophäen des Mario* genannt werden. Der Platz des Kapitols wurde auf Wunsch von Paul III. Farnese von Michelangelo entworfen und ist ein herausragendes Beispiel für die Harmonie von Licht und Proportionen. Der Palazzo dei Conservatori rechts und der Palazzo Nuovo (oder der Kapitolinischen Museen) links mit seiner von Lisenen korinthischer Ordnung unterteilten Fassade rahmen den berühmteren Palazzo Senatorio ein, in dem das Rathaus seinen Sitz hat. Alle drei Palazzi, auf die wir getrennt eingehen werden, entstanden nach einem Entwurf von Michelangelo. Der Palazzo Senatorio und der Palazzo dei Conservatori wuden von Giacomo Della Porta in der zweiten Hälfte des 16. Jahrhunderts errichtet während der Palazzo Nuovo von Girolamo und Carlo Rainaldi im Laufe des 17. Jahrhunderts erbaut wurde. Die herrliche Reiterstatue von Marc Aurel ist das einzige überlieferte Reiterstandbild aus der Kaiserzeit (2. Jahrhundert n. Chr.). Es wurde hier von seinem ehemaligen Standort auf dem Lateranplatz 1538 aufgestellt. Heute wird es sorgsam in der neuen, eigens von dem Architekten Carlo Aymonino errichteten Exedra im Herzen des Palazzo dei Conservatori aufbewahrt, um es vor der Verwitterung zu schützen. Eine getreue Nachbildung ersetzt das Reiterstandbild auf dem Platz. In der Mitte, am Fuße des eleganten **Palazzo Senatorio**, ließ Michelangelo einen Brunnen mit der Statue der *Dea Roma* setzten, während die zwei Figuren an den Seiten die Flüsse *Nil* und *Tiber* darstellen. Über dem Palazzo erhebt sich der Kapitolinische Turm von 1500 mit der Glocke *Patarina*, deren Klang nur bei besonderen Anlässen zu hören ist. Im Inneren des Palastes befindet sich die

2 Luftansicht des Nationaldenkmals für Vittorio Emanuele II., von der Kirche Santa Maria in Aracoeli und dem Kapitol

3 Nationaldenkmal für Vittorio Emanuele II., Enrico Chiaradia und Emilio Gallori, Reiterstandbild von *Vittorio Emanuele II.*

4 San Marco Evangelista, innen

en 28-29,
sichten des Kapitols

26

25

Aula Consigliare, auch Julius Caesar Saal genannt, da dort eine Statue (150 v. Chr.) des Feldherrn zu sehen ist. In den Palazzi Nuovi und Conservatori haben die Kapitolinischen Museen ihren Sitz. Ursprung der Sammlung war eine Schenkung aus dem Jahr 1471 von vier weltberühmten Bronzestatuen durch Sixtus IV. della Rovere: die *Kapitolinische Wölfin,* der *Spinario,* der *Camillo*, der *Kopf*, die *Hand* und die *Kugel* der kolossalen Bronzestatue des *Konstantin*. Der **Palazzo Nuovo** beherbergt das Kapitolinische Museum, dort werden verschiedene, kunstvoll gearbeitete Skulpturen aufbewahrt. Im Hof findet man die riesige Statue des *Marforio* (1. Jahrhundert). Von denen in den Sälen des Obergeschosses aufbewahrten Werken seien hier die wichtigsten genannt: der *Galata Capitolino* (Saal des Gladiators), eine herrliche und berühmte römische Kopie einer griechischen Skulptur von 200 v. Chr., ein hervorragendes Beispiel für die Union von Plastizität und Ausdruck; das schöne Paar der *Zentauren* im Salon. Im Saal der Philosophen hingegen sind 79 Büsten und Herme ausgestellt, die Philosophen, Dichter und Rhetoriker aus dem antiken und hellenistischen Griechenland darstellen. Im Kaisersaal findet man hingegen die Büsten von vielen römischen Kaisern. Das Kabinett der *Kapitolinischen Venus* mit einer Statue der Göttin (Kopie eines griechischen Originals aus dem 4. Jahrhundert v. Chr.), führt zu der Sala delle Colombe (Saal der Tauben). Dieser ist nach einem in der Hadriansvilla gefundenem Mosaik benannt, auf dem einige Tauben abgebildet sind. Wunderschön ist im gleichnamigem Saal die Statue des *Faun in rotem antikem Marmor* aus dem 2. Jahrhundert n. Chr. nach einem späthellenistischen Original. Der **Palazzo dei Conservatori** ist Sitz des gleichnamigen Museums, des Appartamento dei Conservatori und der Kapitolinischen Pinakothek. In das erste Museum kommt man durch einen Hof mit einem schönen Bogengang mit archäologischen Funden, darunter die gigantischen Reste der Marmorstatue *Konstantins* (12 Meter). In die oberen Stockwerke gelangt man über eine Prunktreppe, die mit Reliefs von dem Denkmal an Marc Aurel aus der späten Kaiserzeit geschmückt ist. Dort befinden sich die den Horti Romani gewidmeten Säle mit kostbaren Skulpturen und Fundstücken aus den Gärten des Esquilin sowie die Exedra des Marc Aurel, in der Teile der berühmten kapitolinischen Bronzeskulptur ausgestellt sind sowie eine dem kapitolinischen Jupiter-Tempel gewidmete Abteilung. Das Appartamento dei Conservatori befindet sich im 1. Stock und beginnt mit der Sala degli Orazi e Curiazi mit Fresken von Cavalier d'Arpino, die Episoden der römischen Geschichte erzählen. In ihrem Inneren befindet sich die Marmorstatue von *Urban VIII.* von Bernini und das Bronzedenkmal von Innozenz X., einem Werk von Algardi. In den folgenden Sälen sind einige der berühmtesten Werke der kapitolinischen Sammlung ausgestellt: in der Sala dei Trionfi findet man den einfachen und wunderschönen *Spinario*, eine Kopie aus dem 1. Jahrhundert v. Chr nach einem griechischen Original aus dem 5. Jahrhundert v. Chr. Es stellt ein Kind dar, das sich gerade eine Dorne aus dem linken Fuß zieht. Darüber hinaus sieht man eine außergewöhnlich ausdrucksstarke Bronzebüste aus dem 4. bis 3. Jahrhundert v. Chr., die *Bruto Capitolino* genannt wird. Die Sala della Lupa (Saal der Wölfin) beherbergt die etruskische Statue der *Kapitolinischen Wölfin*, dem Symbol Roms, der später von Pollaiolo *Romulus* und *Remus* hinzugefügt wurden. Die Sammlung der Kapitolinische Pinakothek wurde von Benedikt XIV. begonnen und enthält Meisterwerke von Dossi, Veronese, Guercino, Parmigianino, Tintoretto, Caravaggio, Pietro da Cortona sowie eine prächtige Porzellansammlung. Auf dem Kapitolinischen Felsen wurde im 4. Jahrhundert auch die Kirche **Santa Maria in Aracoeli** erbaut, die im Laufe der Jahrhunderte eine wichtige

Reiterstandbild von *Marc Aurel*
Kapitol, *linker Dioskur*
Kapitolinische Pinakothek, Caravaggio, *Das gute Los*

28

29

30

religiöse und soziale Rolle spielte. In ihr wird das sogenannte *Santo Bambino dell'Aracoeli* aufbewahrt, eine wertvolle Skulptur des Jesuskindes aus dem 7. Jahrhundert, geschnitzt aus Olivenholz aus den Gärten Gethsemanes. Nach ihrem Diebstahl von 1994 wurde die Skulptur durch eine Kopie ersetzt. Die eckige Außenfassade wird durch zwei anmutige Rosetten an den Seiten veredelt während im Inneren der drei von 22 Säulen unterteilten Kirchenschiffe sowohl der Mosaikboden von 1200 hervorstehen sowie die Decke aus dem 16. Jahrhundert, die der Seeschlacht von Lepanto gedenkt. Rechts vom Portal findet man das Grabmal des *Kardinals d'Albret* ausgeführt von Bregno (1400) und links das Grab von *Giovanni Crivelli*, ein Werk von Donatello. Im rechten Kirchenschiff weist die erste Kapelle Fresken von Pinturicchio über das *Leben des Heiligen Bernhard* auf, während von der zweiten bis zur achten Kapelle Meisterwerke vom 17. bis zum 19. Jahrhundert ausgestellt sind. Auf dem Hauptaltar im Presbyterium sticht die *Madonna dell'Aracoeli* hervor, der die Kirche gewidmet ist. Die Kapelle der Heiligen Helena, Wiederentdeckerin des Heiligen Kreuzes, das linken Transept enthält die Reliquie der Heiligen sowie ein Denkmal an den *Kardinal d'Acquasparta* aus dem 14. Jahrhundert, ein Werk von Giovanni di Cosma. Das sich darüber befindliche Werk stammt aus der Schule des Cavallini. Das linke Kirchenschiff beherbergt in der dritten Kapelle den *Heiligen Anton von Padua und zwei Spender* von Benozzo Gozzoli, den einzigen erhaltenen Teil der Fresken, welche die Kapelle ausschmückten. Hinter dem Palazzo Venezia steht die **Jesus-Kirche**, der Hauptsitz der Jesuiten in Rom. Sie wurde 1568 von Vignola zusammen mit Giacomo Della Porta begonnen, der die Fassade änderte und die Kuppel entwarf. Das Innere besteht aus nur einem Kirchenschiff in Form des lateinischen Kreuzes. Es ist von Seitenkapellen umgeben mit einem nur leicht angedeuteten Querschiff und einer von Licht überfluteten Kuppel. Im linken Querschiff findet man die Kapelle des Heiligen Ignazio von Loyola, dem Gründer des Jesuitenordens, beigesetzt unter dem Altar, der als einer der reichsten auf der ganzen Welt gilt. Das Fresko im Gewölbe des Kirchenschiffes stellt den *Triumph des Namen Jesu* dar und ist ein Werk von Gaulli, auch Baciccia genannt, einem talentierten Schüler Berninis (17. Jahrhundert).

31

Santa Maria in Aracoeli
Santa Maria in Aracoeli, Innenansicht
Santa Maria in Aracoeli, Holzdecke
Kapitol, Ägyptischer Löwe

1

2

3

4

5

6

7

Route Nr. 3

1. Basilika Santi Apostoli
2. Platz und Quirinalspalast
3. Platz und Palazzo Barberini
4. Trevi-Brunnen
5. Via Veneto
6. Trinità dei Monti
7. Spanische Treppe
8. Piazza del Popolo
9. Santa Maria del Popolo

8

9

Die Basilika **Santi Apostoli** auf dem gleichnamigen Platz wurde im 6. Jahrhundert erbaut und fast vollständig von Carlo Fontana 1714 restauriert. Die Fassade stammt von Giuseppe Valadier (1827) mit einem schönen Renaissance-Porticus von Baccio Pontelli (Ende des 15 . Jahrhunderts). Die Basilika wurde dann von Rainaldi 1681 umgewandelt und schließt die Grabstele von *Giovanni Volpato* von Canova (1807) ein sowie einen *kaiserlichen Adler* aus dem 2. Jahrhundert v. Chr. Das Kircheninnere ist in drei Schiffe unterteilt, die durch Pilaster voneinander getrennt sind. Baciccia (1707) dekorierte das Gewölbe des Mittelschiffes, Giovanni Odazzi das Presbyterium. Links vom Presbyterium findet man das Grabmal des *Kardinals Riario* von Andrea Bregno, der auch das Grabmal von *Raffaele della Rovere* (1477) entwarf, welches sich in der Krypta der Beichtkapelle befindet. Am Ende des linken Kirchenschiffes kann man das Grabmal des Klemens XIV. bewundern, ein echtes Meisterwerk des Canova (1789).
Die nicht weit von der Kirche Santi Apostoli entfernte **Piazza del Quirinale**, liegt auf dem höchsten Hügel Roms, von dem der Platz auch seinen Namen erhält. Den Platz zieren die berühmten Statuen der Dioskuren (Kastor und Pollux), römische Kopien eines griechischen Originals aus dem 5. Jahrhundert v. Chr., vor denen sich ein schlanker, aus dem Augustus Mausoleum stammender Obelisk erhebt, unter dem ein Brunnen liegt.
Der **Quirinalspalast** zu dessen rechten der Palazzo della Consulta aus dem 18. Jahrhundert steht, ein Werk Fugas, war zuerst die Sommerresidenz der Päpste, von 1870 an Palast der italienischen Könige und später seit 1946 Wohnsitz des italienischen Staatspräsidenten. Der Name des Palastes stammt von Quirino, einer Gottheit der Sabiner. Das Bauwerk wurde 1574 unter Papst Gregor XIII. begonnen und im 18. Jahrhundert beendet. Außen sticht das schöne Portal hervor. Es stammt von Maderno , der auch das Innere der Paulinischen Kapelle entwarf. Herrlich ist auch der Hof mit dem Bogengang von Domenico Fontana, der in einen wunderschönen Park führt. Geht man die Route über die Via Quirinale weiter, kommt man zur Kirche Sant'Andrea beim Quirinal von Bernini aus dem Jahr 1671. Sie ist eines der gelungensten Projekte des Künstlers mit einem kurvenförmigen Bogengang in der Fassade und mit einem sowohl zierlichen als auch hellen Inneren auf Grund des ellipsenförmigen Raumes. Von besonderem Reiz ist die Kuppel von Raggi mit vergoldeten Kassetten und Stuck. Weiter vorn steht die Kirche San Carlo alle Quattro Fontane oder San Carlino, das Erstwerk Borrominis, der hier debütierte, nachdem er Marmor beim Bau der Peterskirche bearbeitet hatte. Das gewagte und originelle Projekt hat einen ellipsenförmigen Grundriss, eine Fassade mit zwei Stilrichtungen und weist einen charakteristischen Glockenturm auf. Der Eingang sowie der Hochaltar sind auf der Hauptachse ausgerichtet. Ellipsenförmig ist auch die Kuppel mit sechs- und achteckigen Kreuzkassetten. Borromini nahm auch an der Verwirklichung des wunderschönen kleinen Kreuzganges teil, dieser wurde 1667 begonnen und ist ein wahres Beispiel für die Barockarchitektur.
Von der Kreuzung der „Quattro Fontane" mit vier einfachen Brunnen an jeder Ecke, kommt man links zum nahen **Palazzo Barberini** von Maderno, der von Bernini 1633 fertiggestellt wurde. Die Fassade weist drei architektonische Ordnungen, große Fenster und klassizistische Bögen auf. Im Palazzo hat die Nationalgalerie für Antike Kunst ihren Sitz, deren Sammlung Gemälde von Pietro da Cortona, Simone Martini, Beato Angelico, Filippo Lippi (*Mariä Verkündigung*), Lotto, Sodoma, Raffaello (*Fornarina*), Greco, Tintoretto (*Christus und die Ehebrecherin*), Tiziano (*Filippo II.*),

Santi Apostoli
Quirinalspalast
Palazzo Barberini, spiralförmige Treppe
Palazzo Barberini, Salone delle Battaglie
Trevi-Brunnen
Luftansicht von der Piazza del Popolo
Trinità dei Monti
Piazza del Quirinale
Palazzo Barberini
Palazzo Barberini, Pietro da Cortona, *Allegorie der göttlichen Vorsehung*

11

12

13

14

Caravaggio (*Judith und Holophernes*), Hans Holbein (*Heinrich VIII.*) umfasst. Großartig ist das Fresko im Salon von Pietro da Cortona aus dem Jahr 1639, das die *Allegorie der göttlichen Vorsehung* darstellt.

Die **Piazza Barberini** wird von dem Tritonen-Brunnen beherrscht, einem Meisterwerk von Bernini aus dem Jahr 1643. Der Brunnen wurde für Papst Urban VIII. erschaffen und ist von vier Delphinen, die den Schwanz anheben sowie dem Wappen der Barberini charakterisiert. Ein Triton bläst in eine Muschel und stößt so einen Wasserstrahl in den Himmel. In Nürnberg gibt es übrigens eine perfekte Kopie dieses Brunnens. Seitlich des Platzes findet man den Bienen-Brunnen, ein Werk von Bernini aus dem Jahr 1644, das zu Ehren von Urban VIII. erbaut wurde.

Um den monumentalen **Trevi-Brunnen** von Nicola Salvi zu sehen, der von Papst Klemens XII. in Auftrag gegeben wurde und als der berühmteste Brunnen der Welt gilt, geht man die Via del Tritone hinunter und biegt links in die Via Poli ein, an deren Ende sich ein bezauberndes Schauspiel bietet: eine aus der Wand des Palazzo Poli ausgehöhlte Nische ist von der mythologischen Figur des Gottes Neptun besetzt. Seine Kutsche wird von zwei Tritonen gezogen und ist von Seepferdchen, Bäumen und Wasserfällen umgeben, die wie von Zauberhand zu Leben erwachen. Die Skulpturen sind ein außergewöhnliches Werk von Pietro Bracci. Das Wasser des Brunnens wird als jungfräulich bezeichnet, da ein Mädchen Soldaten zu der Quelle Agrippas führte. Zur Fertigstellung des Brunnens brauchte man gut drei Jahrhunderte von Wiederaufbauten und Überarbeitungen. Kehrt man auf die Piazza Barberini zurück, kann man von dort in die **Via Veneto** einbiegen, die mit ihren luxuriösen Hotels und Bars, die von berühmten Persönlichkeiten aus dem Showbusiness besucht werden, die berühmteste Straße Roms ist. Auf dem Weg kommt man an der Kirche Santa Maria della Concezione (17. Jahrhundert) vorbei – mit Werken von Reni und Domenichino – deren unterirdische Kapellen mit den Gebeinen tausender Kapuzinermönche verziert sind. Vom Palazzo Margherita, der Residenz der gleichnamigen Königin, kommt man in die Via Liguria und von dort in die Via Sistina. Nach wenigen Metern sieht der Besucher die Kirche **Trinità dei Monti**; hier beginnt die gleichnamige Treppe bestehend aus 137 Treppenstufen, die sich mit terrassenförmigen Rampen abwechselt und zur bezaubernden **Piazza di Spagna** führt. Der Platz ist nach der alten Spanischen Botschaft beim Vatikan benannt. Die Treppe wurde von Francesco De Sanctis im 18. Jahrhundert entworfen. In der Mitte des Platzes befindet sich der schönen Brunnen der Barcaccia aus dem Jahr 1629 von Pietro Bernini, dem Vater des bekannteren Gian Lorenzo. Die Säule der Unbefleckten Empfängnis ließ Papst Pius IX. 1865 errichten. Von der Piazza di Spagna gehen die berühmtesten römischen Straßen ab, wie die Via Condotti mit ihrem bekannten Caffè Greco aus dem 18. Jahrhundert; Via Margutta, Zentrum und Treffpunkt der Künstler, Via Babuino, die Straße der Antiquitätenhändler, die bis zur **Piazza del Popolo** führt. Dieser Platz ist ein Meisterwerk der neuklassizistischen Architektur und wurde von Giuseppe Valadier Anfang des 19. Jahrhunderts entworfen.

An der Einmündung in die Via del Corso findet man die zwei Zwillingskirchen Santa Maria di Montesanto (1679) und Santa Maria dei Miracoli (1681). Sie wurden von Carlo Rainaldi begonnen und von Bernini und Carlo Fontana

1 Trevi-Brunnen
2 Via Veneto
3 Trevi-Brunnen, Detail
4 Piazza Barberini, Tritonen-Brunnen
iten 40-41, Ansicht r Piazza di Spagna d der Kirche Trinità Monti

15

16

17

fertiggestellt. Auf der gegenüberliegenden Seite führt die Porta del Popolo auf die Via Flaminia. Ihre schlichte äußere Fassade wurde von Nanni di Baccio Bigio (1565) nach einem Entwurf von Michelangelo ausgeführt. Die der Piazza del Popolo zugewandte Seite stammt hingegen von Bernini und wurde 1655 anlässlich des Rom Besuchs von Christina von Schweden errichtet. Auf der gleichen Seite kann man die Kirche **Santa Maria del Popolo** aus dem 11. Jahrhundert bemerken. Sie wurde auf Geheiß von Pasquale II. erbaut und in der Renaissance von Baccio Pontelli restauriert. Typisch ist der spitze Glockenturm, charakteristisch das in drei Kirchenschiffe unterteilte Innere aus der Renaissance und das von einer Kuppel überspannte Querschiff. Unter den in der Kirche enthaltenen Meisterwerken verdienen die Fresken von Pinturicchio im Presbyterium besondere Beachtung sowie zwei Gräber von Sansovino an den Seitenwänden des Chors, die Chigi-Kapelle, die zweite Kapelle im linken Kirchenschiff, entworfen von Raffael; zwei berühmte Werke von Caravaggio (in der ersten Kapelle des linken Querschiffs), *Die Bekehrung des Saulus und Die Kreuzigung Petri*. In der Mitte der Piazza del Popolo sticht der flaminische Obelisk hervor, der eine bewundernswerte Verbindung zwischen der antiken ägyptischen Zivilisation und den beeindruckenden römischen Zeugnissen darstellt. Der Obelisk wurde von Kaiser Augustus aus Ägypten nach Rom gebracht und zur Zeit von Sixtus V. auf diesem Platz aufgestellt. Der 24 Meter hohe Monolith weist Hieroglyphen von Seti auf (1304 v. Chr.) und lobpreist das Symbol der Sonne.

18

SANTA MARIA DI MONTESANTO UND SANTA MARIA DEI MIRACOLI

SANTA MARIA DEL POPOLO, CARAVAGGIO, *DIE BEKEHRUNG DES SAULUS*

SANTA MARIA DEL POPOLO, CARAVAGGIO, *DIE KREUZIGUNG PETRI*

PIAZZA DEL POPOLO, FLAMINISCHER OBELISK

1

2

3

4

5

Route Nr. 4

1. Pincio
2. Villa Medici
3. Villa Borghese
4. Galleria Borghese
5. Galleria Nazionale d'Arte Moderna
6. Museo Nazionale Etrusco di Villa Giulia

6

9

Der Pincio ist ein berühmter und großartiger Park, der sich über den gleichnamigen Hügel erstreckt und von Valadier zu Beginn des 19. Jahrhunderts entworfen wurde. Schon seit der Antike war er Sitz von Patrizier-Villen, und von dort hat man einen wunderschönen Blick über die Stadt. Bevor man einen der vielen Wege entlanggeht, kommt man zu der **Villa Medici** aus dem 16. Jahrhundert, die von Annibale Lippi für den Kardinal Ricci erbaut und im 17. Jahrhundert von der Medici-Familie erworben wurde. Napoleon richtete 1803 in der Villa die Französische Akademie Roms ein, in der noch heute außer der Aufbewahrung einer Sammlung zahlreicher klassischer Skulpturen, französische Künstler aufgenommen werden, die ihre Studien vertiefen wollen. Hinter der Piazza di Siena, einer schönen von Pinien gesäumten Reitbahn, befindet man sich im Herzen der **Villa Borghese**. Sie ist der größte Park Roms und in ihr findet man auch das berühmte Casino Borghese, das auf Wunsch von Kardinal Scipione Borghese im 17. Jahrhundert von Jan Van Santen (1616) erbaut wurde. Die Fassade des Casino weist außen Nischen auf, in denen Statuen aus unterschiedlichen Epochen stehen, fast so als wäre es eine Kunstgalerie unter freiem Himmel sowie fünf Bögen der Vorhalle mit Skulpturen und Fragmenten aus römischer Epoche. Das Casino ist ein würdiger Sitz für die **Galleria Borghese**, eine der reichsten Privatsammlungen der Welt. Gegründet wurde sie vom Kardinal Borghese, der um die dort enthaltenen Werke in seinen Besitzt zu bringen, alle legalen sowie illegalen Mittel einsetzte. So betrog er den Herzog von Ferrara, um an die Bilder von Dosso zu kommen und erpresste seinen Kollegen, den Kardinal Sfondrato für die Gemälde von Tiziano. *Die Kreuzabnahme* von Raffael, welche die Cappella Baglioni in Perugia schmückte, ließ er sogar stehlen.

Von der umfangreichen Sammlung kann man heute antike Skulpturen und großarte Werke von Bernini bewundern, wie den in der Sala degli Imperatori aufbewahrten, berühmten *Raub der Proserpina*. Man kann außerdem die ebenso berühmten *Apollo und Daphne* und den *David* von Bernini sehen sowie die *Venus victrix (Siegreiche Venus)* von Canova, eine Statue, die Paolina Bonaparte, Napoleons Schwester darstellt, die in zweiter Ehe 1803 Camillo Borghese heiratete. Die Statue wurde sofort wegen ihrer Schönheit gelobt, und Paolina, die sich sehr bald von ihrem Mann trennte, versuchte vergeblich in ihren Besitzt zu gelangen. Man beachte darüber hinaus die *Kreuzabnahme* von Raffael, *Jüngling mit Fruchtkorb*, *Bacchino malato*, *David mit dem Haupte Goliaths*, *San Girolamo* und außerdem Meisterwerke von Rubens, Tiziano, Sodoma, Antonello da Messina, Giorgione, Dossi und anderen.

In dem großen Park sind außerdem einen ausgiebigen Besuch wert: die neuklassizistischen Propyläen, erbaut von Luigi Canina 1825-1830, der

Villa Borghese, neuklassizistische Propyläen

Ausblick über Rom vom Pincio

Galleria Borghese, Gian Lorenzo Bernini, *Apollo und Daphne*

Museo Nazionale Etrusco di Villa Giulia, *attische Pyxis mit roten Figuren*

Museo Nazionale Etrusco di Villa Giulia, Hof

Villa Medici

Villa Borghese, Casino Borghese

Villa Borghese, Äskulap-Tempel

Villa Borghese, Wasseruhr

Villa Borghese

10

11

12

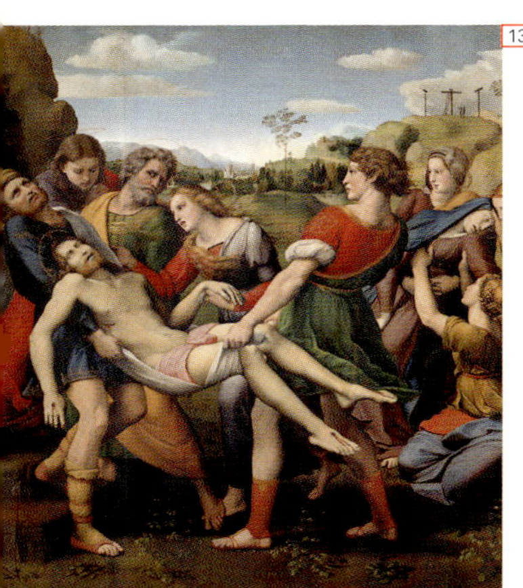

13

14

15

schöne Eingang in den Park von der Piazzale Flaminio, der Biopark, das städtische zoologische Museum, Orangerie (Museum Carlo Bilotti), das kanonische Museum und der Park am Teich mit dem neuklassizistischen, kleinen Tempel von Antonio und Mario Asprucci (1787), der Äskulap, dem griechisch-römischen Gott der Heilkunde gewidmet ist sowie die Valle Giulia mit der interessanten Nationalgalerie für Moderne Kunst, in der italienische und ausländische Kunst vom 19. Jahrhundert bis zur heutigen Zeit ausgestellt ist. In der Villa Giulia ist hingegen das Museo Nazionale Etrusco di Villa Giulia untergebracht, ein umfangreiches Museum über die Etrusker, das sich über dreißig Säle erstreckt. Unter den vielen bewundernswerten Werken stechen der sehr berühmte *Sarkophag der Eheleute* hervor, Terrakotta aus dem 6. Jahrhundert v. Chr., der *Zentaur*, der ein *Seeungeheuer reitende Jüngling*, aus dem 6. Jahrhundert v. Chr., die bewundernswerten *Apoll* und *Herkules von Veio* sowie ein vollständiges etruskisches Grabmal, das in Cerveteri gefunden wurde.

17

18

1 Galleria Borghese, Caravaggio, *Jüngling mit Früchtekorb*

2 Galleria Borghese, Raffaello, *Dame mit Einhorn*

3 Galleria Borghese, Raffaello, *Kreuzabnahme*

4 Museo Nazionale Etrusco di Villa Giulia, *Sarkophag der Brautleute*

Galleria Borghese, Antonio Canova, *Paolina Borghese als Venus victrix (Siegreiche Venus)*

6 Museo Nazionale Etrusco di Villa Giulia, *Herkules von Veio*

7 Museo Nazionale Etrusco di Villa Giulia

8 Museo Nazionale Etrusco di Villa Giulia, *Goldene Krone mit Perlen und Karneolen*

Der Park Villa Borghese

- Bar/Cafè
- Fahrradverleih
- Toilette
- Restaurant
- Information
- Brunnen
- Hundezone
- Wireless-connection für Internet
- U-Bahn-Station

1 Polizei zu Pferd, Villa Umberto
2 Fontana di Venere
3 Galleria und Museo Borghese (Casino Borghese)
4 Uccelliera (Vogelhaus)
5 Palazzina della Meridiana
6 Fontane Oscure
7 Fontana dei Cavalli Marini
8 Denkmal von Umberto I
9 Fontana del Sarcofago
10 Propilei delle Aquile
11 Casa del Cinema (Casina delle Rose)
12 Cinema dei Piccoli
13 Tempel der Diana
14 Fontana dei Pupazzi
15 Casina di Raffaello – Ludothek
16 Casino dell'Orologio
17 Silvano Toti Globe Theatre
18 Museo Pietro Canonica
19 Tempel des Antoninus und der Faustina
20 Casino del Graziano
21 Bioparco
22 Museo Civico di Zoologia
23 Valle dei Cuccioli
24 Galleria Nazionale d'Arte Moderna
25 Accademia Britannica
26 Museo Etrusco di Villa Giulia
27 Villa Poniatowski
28 Gärten der Valle Giulia
29 Fontane delle Tartarughe
30 Tempel des Aeskulap
31 Bogen des Settimius Severus
32 Fonte Gaia
33 Casina del Lago
34 Portikus der Löwen
35 Fontana del Peschiera
36 Museo Carlo Bilotti (Aranciera)
37 Ägyptische Propyläen
38 Fontana del Fiocco
39 Casino Giustiniani
40 Nymphäum Giustiniani
41 Klassizistische Propyläen
42 Fontana del Mosè
43 Teatro Stabile dei Burattini San Carlino
44 Wasseruhr
45 Obelisk des Antinoo
46 Chalet Rustico
47 Casina Valadier
48 Accademia di Francia (Villa Medici)

1

2

3

4

5

6

Route Nr. 5

- Ara Pacis Augustae
- Augustus-Mausoleum
- Piazza Colonna
- Piazza und Montecitorio
- Piazza und Kirche Sant'Ignazio
- Pantheon
- Santa Maria Sopra Minerva
- San Luigi dei Francesi
- Palazzo Madama
- Piazza Navona - Sant'Agnese in Agone
- 11 Sant'Andrea della Valle
- 12 Area Sacra dell'Argentina
- 13 Palazzo Braschi - Römisches Museum
- 14 Palazzo della Cancelleria
- 15 Campo de' Fiori
- 16 Piazza und Palazzo Farnese
- 17 Via Giulia
- 18 Brücke und Engelsburg

7

8

9

10

11

Von der Piazza del Popolo aus geht man die Via di Ripetta entlang bis zum **Ara Pacis Augustae**, dem berühmten von August errichteten Monument (9 v. Chr.), mit dem die *Pax Romana* nach den Kriegen in Gallien und Spanien gefeiert wurde. Der Altar ist in einem Schaukasten aus Kristall, Stahl und Marmor aus Tivoli aufbewahrt, ein Werk des amerikanischen Architekten Richard Meier, zu dem auch ein Konzertsaal sowie verschiedene Ausstellungssäle gehören. Die sehr lebhaften und plastischen Marmorreliefs auf dem oberen Frontgiebel des Altars symbolisieren die Fruchtbarkeit der Erde, Opfergaben sowie den kaiserlichen Umzug. Wenige Schritte von der Ara Pacis entfernt befindet sich auf der großen Piazza Augusto Imperatore das **Augustusmausoleum**, ein breites Bauwerk von 89 Metern Umfang aus dem ein 44 Meter hoher, kegelförmiger Erdhügel emporragt. Wie man an der Grabzelle aus Travertinstein mit Ascheurnen erkennen kann, wurden hier Augustus sowie Mitglieder der julisch-claudische Herrscherfamilie beigesetzt. Im Mittelalter verwandelten die Colonna das Mausoleum in eine Festung, später wurde es bis 1936 als Konzertsaal genutzt und schließlich wieder instand gesetzt und zu einer Touristenattraktion. Die fast angrenzende Kirche Santi Ambrogio e Carlo al Corso, wurde nach einem Entwurf von Martino und Onorio Longhi errichtet und weist eine eindrucksvolle Kuppel von Pietro da Cortona auf. Im großen Innenraum im Barockstil findet man auf dem Hauptaltar ein imposantes Altarbild von Maratta (1690). Auf keinen Fall sollte man sich die Fresken von Giacinto Brandi in dem Hauptschiff entgehen lassen (*Fall der rebellischen Engel*) sowie in den Gewölben des Querschiffs und des Presbyteriums (*Glorie des Hl. Carlo; Hl. Carlo und die Pestkranken*). Man geht dann die Via del Corso weiter bis zur **Piazza Colonna**, dem Mittelpunkt des städtischen Lebens an dessen Seite sich auch der großartige Palazzo Chigi von Giacomo Della Porta (1562) befindet. Dieser wurde von Carlo Maderno renoviert und von Felice Della Greca beendet und ist Sitz des italienischen Ministerpräsidenten. Auf der Mitte des Platzes erhebt sich die Marc-Aurel Säule, die zu Ehren des Kaisers in der Zeit zwischen 176-193 v. Chr. errichtet wurde. Inbegriffen des Säulenschafts beträgt ihre Höhe 42 Meter. Auf den spiralenförmig die Säule umlaufenden Basreliefs werden die Ereignisse des germanischen Krieges (auf dem unteren Teil) sowie die des Krieges gegen die Sarmaten (oben) erzählt. Auf die Säule ließ Sixtus V. 1589 eine Statue des Apostels Paulus stellen. Um die **Piazza Montecitorio** zu erreichen, geht man eine Seitenstraße vom Palazzo Chigi entlang. Der Platz ist nach einem Obelisken von Pius VI. benannt, der auf den Pharao Psammetich II. (594-589 v. Chr.) zurückgeht. Er ist in Form einer liegenden Sphinx dargestellt während geflügelte Skarabäen eine Sonnenscheibe halten. Der Obelisk aus Granit ist 22 Meter hoch und wurde unter Augustus von Heliopolis nach Rom gebracht. Innozenz X. beauftragte Bernini 1650 mit dem Entwurf für **Palazzo Montecitorio**, der 1694 unter Carlo Fontana fertiggestellt wurde und seit 1871 Sitz des Abgeordnetenhauses ist. Nach der Piazza di Pietra kommt man zu der **Piazza Sant'Ignazio** mit der gleichnamigen **Kirche**, die von Orazio Grassi 1626 unter Oberaufsicht von Carlo Maderno, Orazio Torriani und Paolo Marucelli begonnen wurde. Das Innere der Sant'Ignazio von Loyola gewidmeten Kirche ist in drei Schiffe unterteilt und mit Marmor und Fresken geschmückt, wie dem Hochrelief aus Marmor von Pierre Legros (17. Jahrhundert), das die *Glorie des Hl. Luigi Gonzaga* darstellt (Altar des rechten Querschiffs) und das berühmte Deckenfresko mit dem *Triumph des Hl. Ignazio*, ein bemerkenswertes, perspektivisches Werk von Andrea Pozzo. Die Via del Seminario führt zur Piazza della Rotonda mit dem berühmten **Pantheon**, vor dem ein fast kompletter Obelisk erhalten ist. Diesen ließ Ramses II.
in Heliopolis erschaffen. Er ist 6,34 Meter hoch und steht auf einem von Giacomo

Museum der Ara Pacis
Luftansicht des Pantheon
Piazza Navona
Markt auf dem Campo de' Fiori
Engelsburg, Pieter Anton van Verschaffelt, Engel aus Bronze
Engelsbrücke und Engelsburg
Ara Pacis
Museum der Ara Pacis
Augustusmausoleum
Palazzo Montecitorio, Eingang
Piazza Colonna, Marc-Aurel-Säule

12

13

14

Della Porta geschaffenem Brunnen. Das Pantheon ist eines der berühmtesten Monumente der römischen Kunst, es wurde von Marco Agrippa 27 v. Chr. erbaut, wie die Inschrift auf dem äußeren Kranzgesims besagt. Sein Name bedeutet „Monument, das allen Göttern gewidmet ist" und es ist eines der am besten erhaltenen Monumente weltweit, da es erst von Domitian im Jahr 80 und später dann von Hadrian restauriert wurde. Sowohl die Kuppel als auch das imposante, bronzene Eingangstor von 138 n. Chr. stammen aus römischer Zeit. In der christlichen Ära wurde das Pantheon in eine Kirche umgewandelt: Außen besteht es aus einem zylindrischen Kassetten-Bau, der von einer großen Kuppel mit 43,30 Metern Durchmesser überwölbt wird, durch deren zentrale, runde Öffnung Licht ins Innere einfällt. Das Äußere wird durch eine Vorhalle verschönert, die sich auf 16 Säulen von 12,50 Meter Höhe stützt und von einem Tympanon bedeckt ist. Das Innere hat einen runden Grundriss und weist abwechselnd sieben große, halbrunde und rechteckige Nischen auf sowie acht kleine Kapellen. In der zweiten Nische rechts befindet sich das Grab von *König Viktor Emanuel II.*, in der dritten links das von *König Umberto I.* und der *Königin Margarethe von Italien*. In der dritten Kapelle links findet man hingegen das Grab des Künstlers *Raffael Sanzio* (1520), der auf Grund seines ausdrücklichen Wunsches dort begraben wurde.

Vom Pantheon aus erreicht man leicht die Piazza della Minerva mit einem kleinen Obelisk aus rotem Granit (5,47 Meter), den Pharao Apries (539-570 v. Chr.) errichten und mit Hieroglyphen verzieren ließ. Von einem Entwurf Berninis stammt der *Elefant* auf den sich der Obelisk stützt (von den Römern „pulcino" genannt) und später von Ercole Ferrata ausgeführt wurde. Die Anbringung des Elefanten wird durch die Bedeutung selbst des Dickhäuters gerechtfertigt, stark und ausgeglichen passt er zu der antiken Weisheit, für die der Monolith steht.

Die Kirche **Santa Maria sopra Minerva** wurde 1280 auf den Ruinen des antiken Tempels der Minerva Calcidica errichtet. Die Fassade stammt von Meo del Caprino (1453) und weist drei Portale aus der Renaissance auf während das dreischiffige Innere das einzige Beispiel gotischer Architektur in Rom darstellt. In der Kirche werden zahlreiche Kunstwerke aufbewahrt: der *Auferstandene Christus* eine berühmte Skulptur von Michelangelo (1521), links vom Hauptaltar. Die Carafa-Kapelle mit herrlichen Fresken von Filippino Lippi (1489); die Grabmäler von *Leo X.* und *Clemens VII.* von Antonio da Sangallo dem Jüngeren hinter dem Hauptaltar; ein schönes Grabmal von Bernini im linken Kirchenschiff und das Grab von *Beato Angelico*, in der ersten Kapelle des linken Querschiffes. Auch die anderen Werke, wenn auch von geringerer künstlerischer Bedeutung, lohnen eine Besichtigung.

Überquert man vom Pantheon kommend die Via Giustiniani, gelangt man zu der Kirche **San Luigi dei Francesi** aus dem 16. Jahrhundert, deren Bau Giacomo Della Porta und Domenico Fontana zugeschrieben wird. Im 1764 von Dérizet restaurierten Innenraum findet man in der fünften Kapelle links drei weltberühmte Meisterwerke des Künstlergenies Caravaggio (1597) mit den für ihn typischen Lichteffekten: *Matthäus und der Engel*, die *Berufung des Evangelisten Matthäus* und das *Martyrium des Evangelisten Matthäus*. Genauso kostbar sind die Fresken von Domenichino (zweite Kapelle rechts) mit Szenen aus dem Leben der Hl. Cäcilie.

Palazzo Madama auf dem gleichnamigen Platz wurde von der Familie Medici im 16. Jahrhundert errichtet und nach Margherita von Österreich, der Ehefrau von Alessandro de' Medici und Tochter Karls V. benannt. Die imposante Barockfassade von Cigoli und Marinelli weist ein schönes Portal mit zwei Säulen und vier Fensterreihen auf. Palazzo Madama ist Sitz des italienischen Senats und verfügt über eine umfangreiche Bibliothek. Auf der Piazza Sant'Apollinare steht

2 Piazza della Rotonda
3 Piazza della Minerva, *kleiner Elefant*
4 Pantheon, Innenansicht
5 Pantheon, Innenansicht der Kuppel

16

17

18

19

20

der herrliche Palazzo Altemps, einer der Sitze des Museo Nazionale Romano, in dem Werke aus bedeutenden Sammlungen antiker Skulpturen aufbewahrt werden. Von erheblichem Wert sind die Werke aus der Sammlung Boncompagni Ludovisi, unter denen man den *Galater, der gemeinsam mit seiner Ehefrau Selbstmord begeht* aus dem 1. Jahrhundert n. Chr. bewundern kann, den *Ludovisischen Thron*, ein herrliches Werk aus dem 5. Jahrhundert v. Chr., das die Geburt der Venus darstellt und den *Ares Ludovisi* eine Kopie nach einem Original von Lysipp.

Piazza Navona ist der für den Barockstil typischste Platz Roms. Er entstand über den Ruinen des Domitian-Stadion (276 x 54 m) und wird von drei herrlichen Brunnen geschmückt. In der Mitte des Platzes erhebt sich der berühmte Vierströmebrunnen von Bernini, der Borromini den Auftrag raubte, indem er seinen eigenen Entwurf Innozenz X. mit Hilfe von Donna Olimpia, der einflussreichen Schwägerin des Papstes vorlegte. Der Brunnen stellt auf bewundernswerte Weise die vier größten Flüsse der Welt dar: Nil, Ganges, Donau und Rio della Plata. Sie stehen jeweils für einen der vier damals bekannten Kontinente. Darüber erhebt sich ein 16,53 Meter hoher Obelisk aus Granit, seine Hieroglyphen stellen die ägyptischen Gottheiten dar und huldigen dem Kaiser Domitian (81-96 n. Chr.). Das 1651 fertiggestellte Monument birgt die biblische Botschaft der Taube mit dem Olivenzweig (Symbol der Familie Pamphilj), die den Pakt zwischen Gott und den Menschen nach der Sintflut besiegelt.
Die Fontana del Moro wurden von Mari im 18. Jahrhundert nach einem Entwurf Berninis gegenüber des Palazzo Pamphilj errichtet (Sitz der brasilianischen Botschaft). Der Palast war ein Geschenk von Innozenz X. an Donna Olimpia, im Inneren befindet sich eine Galerie, die 1654 von Pietro da Cortona mit Fresken ausgemalt wurde. Der Neptunbrunnen wurde von Della Porta 1576 ausgeführt, weist aber nachträgliche Eingriffe auf. So stammt das Becken aus dem 16. Jahrhundert, die Figuren entstanden allerdings erst 1873.
Gegenüber Berninis Vierströmebrunnen steht die Kirche **Sant'Agnese in Agone**, die nach den Wettstreiten benannt wurde, die einst in der Antike auf diesem Platz abgehalten wurden.
Überlieferungen nach sollte die Heilige Agnes an dem Ort, an dem sich heute die Kirche befindet dem Publikum nackt zur Schau gestellt werden. Doch ihre Haare wuchsen plötzlich auf wundersame Weise und bedeckten ihre Blöße. Mit dem Bau der Kirche begann man 1652 unter Leitung von Girolamo und Carlo Rainaldi. Die Arbeiten wurden von Borromini, der auch die zwei Zwillingsglockentürme entwarf, 1657 beendet. Das Innere weist einen Grundriss in Form des griechischen Kreuzes auf und zeigt eindrucksvolle hell-dunkel Effekte sowie an den Altären prächtige Reliefs aus Marmor von unterschiedlichen Künstlern (Caffà, Guidi). Die von Ferri mit Fresken ausgeschmückte Kuppel stützen acht von Baciccia geschaffene Säulen. Im Kellergeschoss sind noch heute Reste der Domitian-Arena zu sehen. Von der Piazza Navona aus sieht man über den Corso Vittorio Emanuele II. hinweg die imposante Kuppel der Kirche **Sant' Andrea della Valle**, sie ist vom Durchmesser die drittgrößte Kuppel Roms nach der Peterskirche und dem Pantheon. Mit dem Bau der Kirche begann man 1591 nach einem Entwurf von Pietro Paolo Olivieri. Die Arbeiten wurden dann 1608 unter Leitung Madernos wieder aufgenommen, 1650 wurde die Kirche dann schließlich geweiht. Das Innere besteht aus einem einzigen Kirchenschiff mit seitlichen Kapellen und wirkt hell und geräumig Dank vor allem dem breiten Tonnengewölbe und der großen Apsis. Von besonderem Interesse sind die in der Kirche aufbewahrten Kunstwerke wie in der zweiten Kapelle rechts die Bronzekopien von *Rachel*, *Lia* und Michelangelos *Pietà*. Erwähnenswert sind auch die Grabmäler von Pius II.

San Luigi dei Francesi, Innenansicht
San Luigi dei Francesi, Charles-Joseph Natoire, *Apotheose und Tod des San Luigi*
San Luigi dei Francesi, Caravaggio, *Matthäus und der Engel*
San Luigi dei Francesi, Caravaggio, *Berufung des Evangelisten Matthäus*
San Luigi dei Francesi, Caravaggio, *Martyrium des Evangelisten Matthäus*, Detail
San Luigi dei Francesi
…en 60-61, Ansicht der …zza Navona

22

23

24

25

26

(Schüler von Andrea Bregno, 1475) und Pius III. (Sebastiano Ferrucci, 1503) über den Eingängen der Rundkapellen. Lanfranco malte die Kuppel mit Fresken aus während die *Evangelisten* der Kragensteine und die Fresken in der Apsis von Domenichino stammen.

Bei dem Platz Largo di Torre Argentina befindet sich das Ausgrabungsgebiet **area sacra (Heiliger Bezirk) dell'Argentina** mit vier nicht eindeutig bestimmten Tempeln. Der erste stammt aus dem 3. Jahrhundert v. Chr. und ist der am besten erhaltene, da er im Mittelalter teilweise in eine Kirche umgewandelt worden war. Der zweite mit rundem Grundriss entstand vermutlich 101 v. Chr. und war der Glücksgöttin Fortuna geweiht. Der dritte ist älter als die anderen (Anfang des 3. Jahrhunderts v. Chr.) und weist etruskisch-italische Bauelemente auf. Der letzte der vier Tempel stammt aus dem 2. Jahrhundert v. Chr. und ist eindrucksvoller als die anderen da er aus Travertinstein ist, weil er zur republikanischen Zeit errichtet wurde.

Heiliger Bezirk des Argentina
Palazzo Farnese
Palazzo della Cancelleria
Ettore Ferrari, Denkmal an *Giordano Bruno*
Campo de' Fiori
[...]n 64-65, Ansichten [...]Engelsburg

Zum Corso Vittorio Emanuele II. hin öffnet sich die Piazza San Pantaleo, die nach der gleichnamigen Kirche aus dem 17. Jahrhundert mit einer Fassade von Valadier (1806) benannt ist. Über allem ragt der von Cosimo Morelli 1792 für die Neffen von Pius VI. Braschi erbaute **Palazzo Braschi** empor. Sein zweiter Eingang liegt auf der Via di Pasquino. Die Straße wurde nach einer hellenistischen Statue benannt, die für die Spottverse bekannt ist, die dort fortwährend von denjenigen heimlich angebracht wurden, die Schmähungen gegen die päpstliche Autorität ausstoßen wollten.

Palazzo Braschi ist der Sitz des **Museo di Roma**, es finden sich dort eine Vielfalt von Manufakturwaren, die mit der Geschichte der Stadt verbunden sind ausgehend vom Mittelalter bis Anfang des Zwanzigsten Jahrhunderts wie zum Beispiel Möbel, Kutschen, Elemente aus Architektur und Städtebau, die bei Abrissen geretteten Mosaiken und Fresken, mittelalterliche Keramiken, Holzstempel für den Stoffdruck aus den Manufakturen des 18. und 19. Jahrhunderts. Sehr bedeutend ist auch die Gemäldesammlung mit Werken von Andrea Sacchi, Pierre Subleyras, Pier Leone Ghezzi, Marco Benefial, Pompeo Batoni. Ebenfalls von großem Wert ist die Skulpturensammlung, die vom Mittelalter bis in das 19. Jahrhundert reicht und die Erzeugnisse einiger der wichtigsten in Rom tätigen Bildhauer zeigt: Francesco Mochi, Alessandro Algardi, Pietro Tenerani.

Der **Palazzo della Cancelleria** auf dem gleichnamigen Platz wurde von Bregno 1453 begonnen und 1511 von Bramante beendet. Im Inneren findet man die Sala Riaria, „il Salone dei Cento Giorni" (Saal der hundert Tage) und den herrlichen dreistöckigen Innenhof, einem der wichtigsten Beispiele für die Renaissance-Architektur.

Nach einer kurzen Wegstrecke kommt man zum Campo de' Fiori. Der Platz erhält seinen Namen nach der Wiese, auf der hier im Mittelalter Hinrichtungen von Verbrechern und Ketzern stattfanden. Daran erinnert in der Mitte des Platzes das Denkmal an *Giordano Bruno*, der hier am 17. Februar 1600 bei lebendigem Leibe verbrannt wurde. Typisch und malerisch ist der geschichtsträchtige Markt, der täglich auf dem Platz abgehalten wird.

Hinter dem Campo de' Fiori liegt die Piazza Farnese mit zwei Zwillings-Brunnen mit großen Granitbecken. Auf dem Platz steht das schönste, aus der Renaissance stammende Gebäude Roms, nämlich der **Palazzo Farnese**, Sitz der französischen Botschaft. Auf Geheiß von Kardinal Farnese (dem späteren Papst Paul III.) begann Antonio da Sangallo der jüngere 1514 mit dem Bau, den später Michelangelo weiterführte. Von Michelangelo stammen der Balkon, das Kranzgesims mit dem Liliensymbol der Familie Farnese und das zweite Stockwerk des Hofes (1546). Der Palast wurde von Giacomo Della Porta

NVMERO
220

27

28

29

fertiggestellt. Ins Innere kommt man durch eine wunderschöne, von Sangallo geschaffene Eingangshalle mit drei Schiffen und Granitsäulen. Über den Hof gelangt man in den ersten Stock, wo man die Galerie mit den berühmten Fresken von den Gebrüdern Carracci und Schülern (1597-1604) bewundern kann.
Via Giulia mit ihren Antiquitätenhändlern, Kunstgalerien und Palazzi ist eine berühmte Straße aus dem 16. Jahrhundert. Sie wurde auch als „ Roms Salon" bezeichnet, einen Titel, den sie heute an die Via Veneto abgetreten hat. Von der Via Giulia gelangt man über die Via Banco di Santo Spirito zur Engelsbrücke, einst, *Pons Aelius.* Sie ist die außergewöhnlichste antike Brücke Roms, malerisch eingerahmt von zehn Statuen aus dem 17. Jahrhundert, welche die Leidensgeschichte Christi symbolisieren.
Am anderen Ende der Brücke erhebt sich die **Engelsburg** in all ihrer schlichten Schönheit. Das Mausoleum gab Kaiser Hadrian für sich selbst in Auftrag, es wurde im Jahr 130 von Demetrianus fertiggestellt. Ursprünglich befand sich an Stelle des Engels auf dem Dach die Statue des Kaisers. Als 590 Papst Gregor I. die Vision eines Engels hatte, der ihm das Ende der Pest verkündete, ließ er die Engelstatue aufstellen und das ehemalige Mausoleum wurde von da an Engelsburg genannt. Man betritt die Burg durch den „Cortile del Salvatore" (Hof des Erlösers), über eine lange Rampe gelangt man durch die Grabkammer in den „Cortile dell'Angelo" (Engelshof), benannt nach einem riesigen Engel von Raffaello da Montelupo, der die Spitze der Burg vom 16. bis zum 18. Jahrhundert krönte. Der Hof wird auch „delle Palle" (Hof der Kugeln) genannt nach den Bombardenkugeln, die dort aufgestapelt sind. Der kostbarste Teil des Hofes ist die doppelte Fensterreihe im Hintergrund, ein Werk von Michelangelo (1514). Vom Hof durchquert man weitere Säle mit herrlichen Decken bis man schließlich im dritten Stock in den Hof des Alexander VI. gelangt mit einem schönen Brunnen, der das Wappen der Familie Borgia trägt. Über eine kurze Treppe erreicht man das von Giulio Romano dekorierte Badezimmer Clemens VII. de' Medici. Als Modell dienten dem Künstler die Stanzen, die Raffael im Apostolischen Palast mit Fresken ausgemalt hatte. In dem kleinen, mit Grotesken verzierten Zimmer sind noch die zwei Leitungen erhalten, die heißes und kaltes Wasser bis zur Marmorwanne transportierten. Um die Temperatur im Raum angenehmer zu machen, konstruierte man beheizbare Wände mit doppelten Hohlräumen, durch die heiße Luft geleitet wurde. Zu besichtigen sind darüber hinaus der historische Kerker, auch „Bocca dell'Inferno" (Höllenschlund) genannt, wo Cellini gefangengehalten wurde (der auf waghalsige Weise ausbrach), Giordano Bruno, Cagliostro sowie berühmte Persönlichkeiten des Risorgimento. Im Südteil der Burg liegt die Loggia von Julius II. geschaffen von Bramante und der Perseussaal. Letzterer ist nach dem oberen auf der Wand entlang gemalten Fries benannt, ein Werk aus dem 16. Jahrhundert von Perin del Vaga, der auch die Sala Paolina sowie die Sala di Amor e Psiche dekorierte. Außerdem kann man noch die Schatzkammer sowie die gut ausgestattete Bibliothek mit Groteskmalereien von Luzio Luzzi und Stuckwerk aus dem 16. Jahrhundert besichtigen, die wie auch die zuvor erwähnten Säle zu den Gemächern von Paul III. gehörte. Von der Bibliothek gelangt man auf die obere Terrasse, wo der 1753 von Pieter Anton Verschaffelt geschaffene Bronzeengel in den Himmel ragt. Von hier hat man einen herrlichen Ausblick über die Stadt. Interessant zu wissen ist, das unten hinter einem Eisengitter an der Seite der Bastion noch ein Fluchtgang in der Leoninischen Mauer existiert, durch den die Päpste heimlich den Vatikan erreichen konnten. Erbaut wurde der Gang von Nikolaus III. 1277-1280. Papst Clemens VII. de' Medici gebrauchte ihn, als die Landsknechte in Rom einfielen, die gesamte Stadt plünderten und Angst und Schrecken verbreiteten (1527).

Luftansicht der Engelsbrücke und der Engelsburg

Engelsburg, Sala Paolina

Engelsburg, Cortile dell'Angelo (Hof des Engels)

1

2

3

4

5

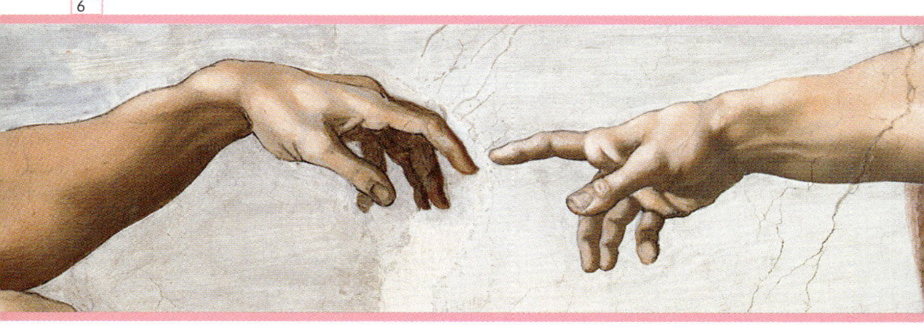

6

Route Nr. 6

❶ Petersplatz

❷ Petersdom

❸ Kunstgeschichtliches Museum Schatzkammer

❹ Apostolischer Palast

❺ Die Vatikanisches Museen

❻ Sixtinische Kapelle

❼ Vatikanische Gärten

7

8

9

10

Petersplatz, Giuseppe De Fabris, Statue des *Hl. Petrus*
Schweizer Garde
Petersplatz
Petersplatz
Petersplatz
Sixtinische Kapelle, Michelangelo, *Erschaffung Adams*, Detail
Luftansicht der Peterskirche im Vatikan
Petersplatz
Kuppel der Peterskirche im Vatikan
Peterskirche im Vatikan
en 72-73, Ansicht Peterskirche im kan

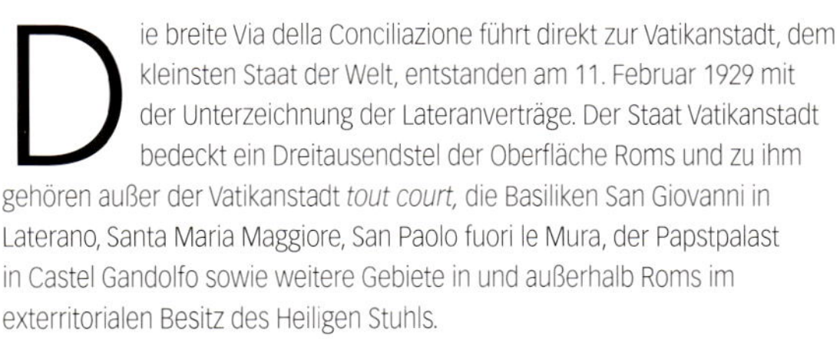

Die breite Via della Conciliazione führt direkt zur Vatikanstadt, dem kleinsten Staat der Welt, entstanden am 11. Februar 1929 mit der Unterzeichnung der Lateranverträge. Der Staat Vatikanstadt bedeckt ein Dreitausendstel der Oberfläche Roms und zu ihm gehören außer der Vatikanstadt *tout court,* die Basiliken San Giovanni in Laterano, Santa Maria Maggiore, San Paolo fuori le Mura, der Papstpalast in Castel Gandolfo sowie weitere Gebiete in und außerhalb Roms im exterritorialen Besitz des Heiligen Stuhls.

Symbol und historischer Mittelpunkt des Vatikans ist der **Petersdom**, der den großen gleichnamigen Platz beherrscht. Der **Petersplatz** ist ein Meisterwerk Berninis und wurde zwischen 1656 und 1667 erbaut. Er ist ellipsenförmig, gut 140 Meter breit und ist von 284 Säulen umgeben, die vierreihig angeordnet sind und über denen Heiligenstatuen stehen. In der Mitte ragt der ägyptische Obelisk in den Himmel. Er stand ursprünglich im Circus des Nero, ist aus rotem Granit und 25,37 Meter hoch. Es ist der einzige intakt erhaltene Monolith Roms und wurde am 26. September 1586 eingeweiht. Das Wappen von Sixtus V. wurde auf ihm angebracht, um an den Papst zu erinnern, der den Obelisken aufstellen ließ. Das Kreuz auf der Spitze steht auf einem Reliquienschrein, der ein Stück des Kreuzes Christi enthält. Neben dem Obelisk befinden sich zwei schöne Brunnen: rechts der von Maderno, links der von Carlo Fontana. Zwei runde Platten auf dem Boden des Platzes zwischen dem Obelisk und den Brunnen kennzeichnen die Stellen, von wo aus man die Säulen von Bernini so perfekt hintereinander stehend sieht, dass es scheint, es würde sich nur um eine einzige Reihe handeln. Was den Petersdom angeht ist er nicht nur das Symbol der Christenheit sondern auch das Wahrzeichen Roms. Seine Architektur lässt sich in drei Ebenen unterteilen. Der Bau ruht nämlich auf den Fundamenten der konstantinischen Basilika, die mehr als tausend Jahre währte und ihrerseits über einer heidnisch-christlichen Kultstätte entstand. Konstantin begann 319 bis 322 n. Chr. mit dem Bau der Basilika an dem Ort, an dem das Grab des Hl. Petrus verehrt wurde. Dieser war unter Nero zwischen 64 und 67 n. Chr. den Märtyrertod gestorben. Die Fassade wird durch die große Treppe unterstrichen und weist ein Kranzgesims mit dem Namen Pauls V. auf, der Papst, der Maderno mit den Arbeiten beauftragte. Von den Fenstern, die zwischen den aus der Mauer hervorragenden Säulen eingefügt wurden, gehört das größte zu der Loggia delle Benedizioni, von der aus der Papst den Segen *urbi et orbi* erteilt.

Die mächtige Kuppel von Michelangelo hat einen Durchmesser von 42,50 Metern und ist nach der des Pantheons weltweit die größte. Die Entstehungsgeschichte der gesamten Basilika ist lang und kompliziert. Julius II. ließ Anfang des 16. Jahrhunderts die alte Basilika abreißen und beauftragte Bramante mit der Ausarbeitung eines neuen Entwurfes. Im Laufe von fast 50 Jahren folgten ihm erst Raffael und dann Antonio da Sangallo der Jüngere nach. 1546 wurde Michelangelo mit der Leitung der Bauarbeiten beauftragt. Er rundete die vier Apsiden ab, vergrößerte und streckte die Kuppel, die er auf vier Pfeiler stützte und revolutionierte auf diese Weise komplett das Projekt. Nach 1546 wurde Giacomo Della Porta mit der Verwirklichung der immensen Kuppel beauftragt. 1607 schließlich befahl Paul V. Borghese Carlo Maderno, die Basilika zu erweitern, so wurden drei Spannweiten an einem Flügel des griechischen Kreuzes hinzugefügt. Man tritt in die Basilika durch fünf Bronzetore ein, die sich in der weiten, dekorierten Vorhalle befinden (interessant ist der Wiederaufbau aus dem 17. Jahrhundert eines Mosaiks von Giotto über dem Haupteingang, das die *Navicella* (Schiffchen Kirche) zeigt. Die mittlere Tür stammt von Filarete (1445) und gehörte zu der frühchristlichen

11 12

13

15

14

Basilika. Die letzte Tür links ist die Porta della Morte von Giacomo Manzù (1964). Ganz rechts hingegen befindet sich die Porta Santa (Heilige Tür), die nur anlässlich eines Heiligen Jahres geöffnet wird. Beim Eintreten in die Kirche ist man vor allem von ihrer Größe beeindruckt. Sie erstreckt sich in der Tat über eine Länge von 186 Metern und besteht aus drei Kirchenschiffen mit Seitenkapellen. Die Kuppel misst hingegen 132,50 Meter. Nachdem man die herrlichen, von Putten gestützten *Weihwasserbecken* bewundert hat, setzt man die Besichtigung in der Kapelle rechts fort, wo hinter einer dicken Glaswand geschützt, die liebreizende *Pietà* von Michelangelo zu sehen ist, ein Werk von seltener Schönheit und universellem Wert. Es folgen dann die Cappella di San Sebastiano, die Cappella del Santissimo Sacramento mit dem *Tabernakel* von Bernini und die Cappella Gregoriana. Bevor man das rechte Querschiff mit dem den Heiligen Prozessus und Martinianus gewidmetem Altar erreicht, findet man die berühmte Bronzestatue des *Heiligen Petrus*, die Arnolfo di Cambio (13. Jahrhundert) zugeschrieben wird. Senkrecht über dem Grabmal des Heiligen Petrus erhebt sich eines der originellsten architektonischen Meisterwerke des Barock, der *Bronzebaldachin* von Bernini (1633). Die gewundenen Säulen mit Rankenornamente und Bienenschwärme weisen auf das Wappen von Papst Urban VIII. hin, dem der Baldachin gewidmet war. Vor dem Altar steigt man in die von Maderno erbaute *Confessio* herab, in der sich das Grabmal des Hl. Petrus befindet. In der Apsis sind das Monument an die *Kathedra Petri* (1656) und rechts davon das Grabmal von Urban VIII. Barberini (1647) berühmte Werke Gian Lorenzo Berninis. Das Grabmal links der Kathedra gedenkt hingegen Paul III. Farnese und stammt von Guglielmo Della Porta aus dem 16. Jahrhundert.
An den Seiten der Apsis, in den Durchgängen zu dem rechten

16

Peterskirche im Vatikan, Atrium
Peterskirche im Vatikan, linkes *Weihwasserbacken*
Peterskirche im Vatikan Michelangelo, *Pietà*
Peterskirche im Vatikan, Mittelschiff
Peterskirche im Vatikan, Arnolfo di Cambio, Bronzestatue des *Heiligen Petrus*

17

18

19

20

21

22

beziehungsweise linken Kirchenschiff findet man jeweils das Grabmal Clemens XIII. Rezzonico, ein vortreffliches Werk von Antonio Canova und das Grab Alexanders VII. Chigi, von Gian Lorenzo Bernini. Hinter dem linken Querschiff gelangt man durch eine Tür, über der sich das Grabmal *Pius VIII. Castiglioni* von Pietro Tenerani befindet in die Sakristei und zum berühmten **Kunstgeschichtlichen Museum – Schatzkammer von Sankt Peter**. Unter den zahlreichen bedeutenden Werken der Sammlung, Schenkungen von Gläubigen, findet man die Dalmatica Karls des Großen, ein liturgisches Gewand von dem man glaubte, es sei Papst Leo III. vom Kaiser nach seiner Krönung im Petersdom im Jahr 800 geschenkt worden. In Wirklichkeit handelt es sich um einen vortrefflich gearbeiteten byzantinischen Altarvorhang aus dem 15. Jahrhundert. Der *Sarkophag des Iunius Bassus*, ein römisches Denkmal aus dem IV. Jahrhundert, das auf drei Seiten Szenen aus dem Alten und Neuen Testament zeigt. Das Grabmal von *Sixtus IV. della Rovere*, ein Bronzewerk von Antonio del Pollaiolo und viele andere herrliche Zeugnisse der Goldschmiedekunst aus verschiedenen Jahrhunderten.

Zurück in der Kirche beachte man die Cappella Clementina, die Chorkapelle, die Cappella della Presentazione und die Cappella del Battesimo, in der man das Taufbecken von Carlo Fontana bewundern kann. Im Durchgang zwischen den beiden letzten Kapellen sieht man das Denkmal an die *Familie Stuart*, ein Werk von Antonio Canova aus dem Jahr 1817.

Nicht entgehen lassen sollte man sich den Besuch der Kuppel Michelangelos. Diese erreicht man sowohl zu Fuß, als auch bis auf halber Höhe mit dem Aufzug. Von der Kuppel genießt man einen der weitesten und faszinierendsten Ausblicke über die Ewige Stadt.

Die Vatikanische Grotten befinden sich zwischen der Ebene der Konstantinischen Basilika und dem Boden der heutigen Kirche. Sie enthalten außer den verschiedenen Heiligen gewidmeten Kapellen Gräber von Königen und Königinnen sowie Päpsten vom 10. Jahrhundert an. Hier findet man auch die letzte Ruhestätten von Paul VI. Montini (1978) und Papst Johannes Paul II. (2005).

Der heiligste Ort ist das Petrusgrab. Kaiser Konstantin ließ im 4. Jahrhundert eine kleine Kapelle über dem vermutlichen Grab des Apostels errichten.

In einer der Kapellen ringsum der Apsis fällt ein Fresko auf, das der Schule des römischen Malers Pietro Cavallini aus dem 14. Jahrhundert zugeschrieben wird. Es handelt sich um die *Madonna della Bocciata*, so genannt weil der Überlieferung nach ein betrunkener Soldat während der Plünderung Roms 1527, wütend weil er beim Boccia spielen verloren hatte, eine Kugel gegen das Bild schleuderte worauf die Madonna Tränen aus Blut vergossen haben soll.

Die Vatikanische Nekropole, die man von der Piazza dei Protomartiri Cristiani betritt, befindet sich links von der Basilika und kann nur mit Reservierung besichtigt werden. Die Kultstätte, auf der sich auch das Grab des Apostels Petrus befand, wurde unter Kaiser Konstantin beim Bau der frühchristlichen Basilika mit Erde aufgefüllt. Die Nekropole wurde 1941 bei Ausgrabungen, die Papst Pius XII. durchführen ließ, wieder entdeckt. Zu erkennen ist noch die antike Straße mit den Mausoleen an den Seiten und der *Campus Petri*, der Ort, an dem der Hl. Petrus nach seinem Martyrium unter Kaiser Nero begraben wurde.

Der **Apostolische Palast** setzt sich aus mehreren Gebäuden zusammen, die von der Schweizergarde bewacht werden. Entstanden ist die Garde 1506 als Papst Julius II. 200 Schweizer Soldaten für den Schutz des Papstpalastes anwarb. Wenngleich die Zahl der Garde nach und nach reduziert wurde, verrichtet sie weiterhin Dienst in ihrer typischen Uniform, die wie man annimmt von Michelangelo entworfen wurde.

[P]eterskirche im [V]atikan, Gian Lorenzo [B]ernini, Grabmal von [U]rban *VIII. Barberini*

[P]eterskirche im [V]atikan, Gian Lorenzo [B]ernini, Grabmal von [A]*lessandro VII. Chigi*

[K]unstgeschichtliches [M]useum - [S]chatzkammer, *[S]arkophag von Iunius [B]assus*

[V]atikanische Grotten, [G]rab von *Johannes [P]aul II. Wojtyla*

[K]unstgeschichtliches [M]useum - [S]chatzkammer, [A]ntonio del [P]ollaiolo, Grabmal [v]on *Sixtus IV. della [R]overe*

[P]eterskirche im [V]atikan, Antonio [C]anova, Grabmal der *[F]amilie Stuart*

23

24

25

26

28

Vatikanische Pinakothek, Caravaggio, *Kreuzabnahme*

Vatikanische Pinakothek, Raffael, *Verklärung Christi*

Vatikanische Pinakothek, Raffael, *Madonna von Foligno*

Museo Pio-Clementino, *Laokoon*

Museo Pio-Clementino, Galerie der Statuen

Museum der Vatikanischen Bibliothek, Salone Sistino

…n 80-81, Ansicht …ixtinischen Kapelle

Die **Vatikanischen Museen** erreicht man, wenn man die Via di Porta Angelica bis zur Piazza del Risorgimento entlanggeht. Von dort nimmt man die Via Leone IV. und Viale Vaticano bis man zu dem neuen Museumseingang gelangt, der anlässlich des Heiligen Jahres 2000 eingeweiht wurde.

Die vatikanische Pinakothek befindet sich seit 1932 in dem von Luca Beltrami auf Wunsch und Weisung von Pius XI. verwirklichten Sitz und ist auf achtzehn Säle verteilt, die sich folgendermaßen untergliedern:

Saal I, die sogenannten primitiven Maler, Künstler aus dem 12. bis 15. Jahrhundert; Saal II, Giotto und Seneser Maler; Saal III, Beato Angelico, Gentile da Fabriano, Gozzoli und Lippi; Saal IV, Melozzo da Forlì und Marco Palmezzano; Saal V, Künstler aus dem 15. Jahrhundert; Saal VI, Carlo Crivelli und Niccolò di Liberatore (15. Jahrhundert); Saal VII, umbrische Maler aus dem 15. Jahrhunderts darunter Perugino und Pinturicchio; Saal VIII, Raffael; Saal IX, Leonardo da Vinci und verschiedene Künstler aus dem 16. Jahrhundert; Saal X, venezianische Künstler aus dem 16. Jahrhundert darunter Tiziano und Veronese; Saal XI, Künstler aus dem 16. und 17. Jahrhundert darunter Barocci, Cavalier d'Arpino und Ludovico Carracci; Saal XII, Künstler aus dem 17. Jahrhundert darunter Domenichino und Caravaggio; Saal XIII, Künstler aus dem 17. und 18. Jahrhundert darunter Nicolas Poussin und Pietro da Cortona; Saal XIV, weitere Künstler aus dem 17. und 18. Jahrhundert darunter Baciccia, Sassoferrato und Daniel Seghers; Saal XV, Werke aus dem 18. Jahrhundert von Thomas Lawrence, Carlo Maratta und Giuseppe Maria Crespi; Saal XVI, mit Werken von Wenzel Peter; Saal XVII zeigt einige Tonmodelle von Werken Gian Lorenzo Berninis, die sich im Petersdom befinden; Saal XVIII, enthält eine Ikonen-Sammlung.

Eine weitere vatikanische Bildersammlung ist die Collezione d'Arte Religiosa Moderna, die Werke mit rein religiösen Motiven aus dem 20. Jahrhundert enthält. Man findet dort Gemälde von De Pisis, De Chirico, Carrà Manzù, Van Gogh, Paul Gauguin und anderen.

Für die Bidhauerkunst besichtigt man das Museo Pio-Clementino mit Sarkophagen, Statuen und griechisch-römischen Mosaiken. Das berühmteste Werk ist der *Laokoon*, eine faszinierende griechische Marmorgruppe aus dem 1. Jahrhundert v. Chr. Entdeckt wurde sie zufällig am 14. Januar 1506 bei der *Domus Aurea*. Es handelt sich um ein Werk von Hagesandros, Athanadoros und Polydoros aus Rhodos.

27

Das *Haupt der Athene*, das in der Nähe der Engelsburg gefunden wurde, gehörte wahrscheinlich zur Dekoration des Hadrian-Mausoleums. Original ist nur das Gesicht, Hals und Helm wurden später hinzugefügt, um eine Idee von der Vollständigkeit der gesamten Büste zu schaffen.

Der *Torso vom Belvedere* zeigt einen menschlichen Oberkörper und ist ein Werk von besonderem künstlerischem Wert wie auch der *Hermes*, der *Apoll vom Belvedere* und andere.

Das Museo Chiaramonti ist ebenfalls reich bestückt an Sarkophagen, Basreliefs und Statuen.

Anschließend besucht man: die Vatikanische Bibliothek mit dem herrlichen Salone Sistino, der große Lesesaal wurde von Domenico Fontana verwirklicht und nach Papst Sixtus V., dem Auftrag gebenden Papst benannt; die Galleria di Urbano VII. mit verschiedenen wissenschaftlichen Instrumenten; das Museo Sacro mit in den Katakomben gefundenen Gegenständen; die Sala delle Nozze Aldobrandine, die das gleichnamige Fresko aus der Zeit des Kaisers Augustus enthält, das zu Beginn des 17. Jahrhunderts auf dem Esquilinhügel gefunden wurde, und die Cappella di San Pio V.

Das Appartamento Borgia ließ Papst Alexander VI. dekorieren, und es wurde

29

30

31

32

dann von ihm selbst bewohnt. Es erstreckt sich über verschiedene Gemächer, die nach in ihnen von Pinturicchio und anderen Künstlern dargestellten Objekten benannt sind: Saal der Sybillen, des Kredo, der Freien Künste, der Heiligen, der Mysterien, der Päpste und der Paramente.

Die **Sixtinische Kapelle** ist nach Sixtus IV. benannt. Sie zählt zu den wichtigsten und berühmtesten Kunstwerken weltweit und ist jedermann vor allem aufgrund Michelangelos Fresken bekannt. Sie wurde von den Päpsten Julius II., Clemens VII. und Paul III. in Auftrag gegeben. Die Kapelle ist 40,23 Meter lang, 20,70 Meter hoch und 13,41 Meter breit und wurde von Giovannino de' Dolci zwischen 1477 und 1480 nach einem Entwurf von Baccio Pontelli erbaut.

An den Seitenwänden sind zwölf Fresken verschiedener umbrisch-toskanischer Künstler aus dem 15. Jahrhundert erhalten, wie Perugino, Botticelli und Ghirlandaio. Sie zeigen jeweils sechs Szenen aus dem Leben von Moses und Jesus. Auf der Rückwand sticht das imposante *Jüngste Gericht* hervor, ein Werk von Michelangelo. Das aus einer einzigen Szene bestehende Fresko hat den richtenden Christus als Mittelpunkt. Die Auserwählten steigen mit Trompetenfanfaren begleitet in den Himmel auf während die Verdammten von Minos und Charon in die Hölle gezerrt werden.

Oben in den Lünetten wird der Triumph der Leidenssymbole Christi kundgetan mit der Säule seiner Geißelung, dem Kreuz und der von Engeln gehaltenen Dornenkrone. Die Muttergottes wendet ihr heiteres Gesicht den Auserwählten zu. Die Figuren sind größtenteils nackt und gewollt geweitet, eine Anspielung auf die Wiedergeburt des Menschen, frei von jeglichen ihm von der Natur auferlegten Zwängen und Fesseln.

Die wunderschönen und faszinierenden Malereien im Deckengewölbe stellen Figuren und Bibelszenen dar. Die berühmten „Ignudi" sind nichts anderes als Jünglinge, fast so als wären sie eine Probe für die Maltechnik natürlicher Posen. In den mittleren Feldern wird die Schöpfungsgeschichte dargestellt. Die Malereien wirken ungewöhnlich dynamisch wie zum Beispiel in der *Erschaffung der Gestirne und der Pflanzen* oder der *Scheidung der Erde von den Wassern*, wo Gott Vater über dem Meer schwebend nach unter schaut und mit beiden Händen gestikuliert. Das bedeutendste Fresko ist die *Erschaffung Adams*, wo Gott mit seinem Finger den schon lebendigen aber noch kraftlosen Körper des Menschen erweckt. Im Gegensatz zu den Tieren wird der Mensch dabei gezeigt, wie er aufsteht und eine aufrechte Haltung einnimmt.

Bei den sieben *Propheten* und den fünf *Sybillen* schließlich, die alle auf mit Reliefs verzierten Marmorthronen und von Putten und Engelspaaren umgeben dargestellt sind, suchte Michelangelo eine Vielfalt von Posen, Charaktere und Altersgruppen, die über die Physiognomie der Person selbst hinausgehen.

Man kommt nun zu den Stanzen des Raffael, die ursprünglich auf das Pontifikat von Nikolaus V. zurückgehen. 1508 beauftragte Julius II. Raffael mit der Beendigung der Dekorationsarbeiten, an denen der Künstler bis zu seinem Tod arbeitete (1520). Die mit Fresken ausgemalten Säle sind vier: Stanza della Segnatura mit der berühmten *Schule von Athen*, einem wirklichen Meisterwerk; Stanza d'Eliodoro mit der gleichermaßen berühmten *Befreiung des Apostels Petrus aus dem Kerker* und die Sala di Constantino mit Werken von Raffaels Schülern.

Raffaels Loggia ist eine faszinierende Galerie mit Bögen, an deren Architektur auch Bramante arbeitete. Die von Raffael und seiner Schule ausgeführten Malereien zeigen Szenen aus dem Alten Testament.

Von der Loggia kommt man zur Cappella Niccolina mit Fresken, die Szenen

9 Sixtinische Kapelle
0 Cappella Niccolina, Beato Angelico, *Stephanus wird von Petrus als Diakon eingesetzt, Stephanus verteilt Almosen an die Armen*
1 Die Stanzen des Raffael, *Schule von Athen*
2 Die Stanzen des Raffael, *Der Parnass*, Detail

33

34

35

3

aus dem *Leben der Heiligen Lorenz und Stephan* darstellen, einem Werk von Beato Angelico. Von hier gelangt man in die Galleria delle Carte Geografiche mit verschiedenen Landkarten Italiens. Es folgen noch die Galleria degli Arazzi, die Galleria dei Candelabri und die Sala della Biga, sogenannt nach einer dort aufbewahrten schönen Marmorbiga aus dem 1. Jahrhundert v. Chr.
Zu beachten ist außerdem das aus zweiundzwanzig Sälen bestehende etruskische Museum mit einer beachtlichen Sammlung an Terrakottawaren, Urnen aus verschiedenen Epochen (man beachte den *Mars von Todi* aus dem 5. Jahrhundert v. Chr.) und verschiedenen Gegenstände aus den etruskischen Nekropolen Mittelitaliens.
Das sich über achtzehn Säle erstreckende ägyptische Museum enthält ägyptische Sarkophage, Statuen, Skulpturen, Statuetten und eine vielfältige Dokumentation über die ägyptische Zivilisation.
Aus den Museen kommend besichtigt man anschließend die **Vatikanischen Gärten**, die noch die besonderen Strukturen und Kennzeichen der italienische Pärke des 16. Jahrhunderts aufweisen. Die beeindruckendste und nächste Begegnung mit der Kuppel des Petersdoms hat man ausgerechnet von diesen Gärten aus: ein Paradies exotischer Pflanzen, Brunnen, Bauten und Kunstwerken breitet sich harmonisch auf den Hügeln aus, die seit dem 16. Jahrhundert bis heute den Papstpalast umgeben. Jenseits der Mauern, die die Gärten von der Vatikanstadt trennen, befindet sich eine ruhige und komplexe Welt – die sogar über einen kleinen Bahnhof und einen Hubschrauberlandeplatz verfügt – und deren Stille nur vom Rauschen des Wassers und dem Vogelgeschwitscher unterbrochen wird. Den Höhepunkt der Verzauberung erreicht man in der Casina von Pius IV., einem Juwel des italienischen Manierismus, erbaut zwischen Loggien und Seerosen, die ihren natürlichen Rahmen bilden.

37

Ägyptisches Museum, Saal III
Etruskisches Museum, Saal IV
Palazzo del Governatorato
Luftansicht des Vatikanischen Gärten
Casina Pius' IV.

Plan der Vatikanstadt

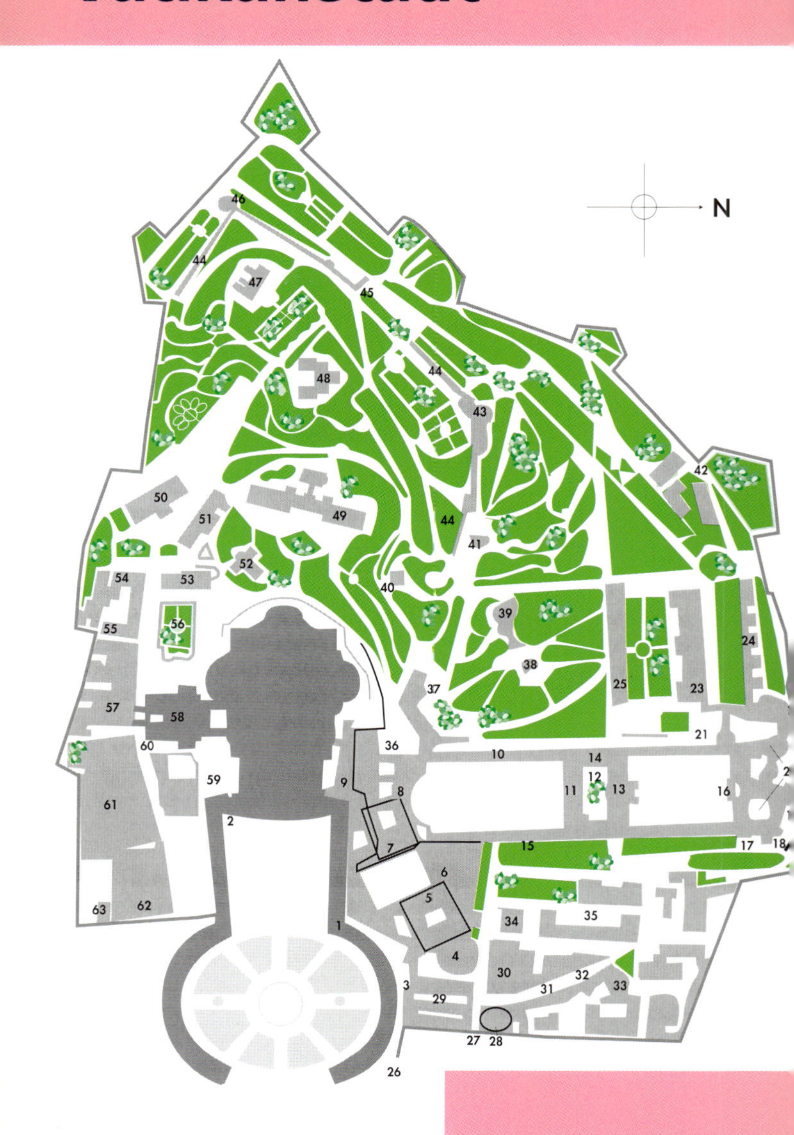

1 Bronzeportal
2 Glockenbogen
3 Porta San Pietro
4 Turm Nikolaus' V.
5 Palast Sixtus' V.
6 Palast Gregors XIII.
7 Mittelalterlicher Palast
8 Borgia-Turm
9 Sixtinische Kapelle
10 Corridoio del Ligorio
11 Biblioteca Apostolica Vaticana
12 Bibliothekshof
13 Braccio Nuovo
14 Turm der Winde
15 Corridoio del Bramante
16 Nische des Pinienzapfens
17 Galeerenbrunnen
18 Treppe des Bramante
19 Palazzetto del Belvedere
20 Museo Pio-Clementino
21 Atrio dei Quattro Cancelli (Atrium der vier Tore)
22 Museumseingang
23 Vatikanische Pinakothek
24 Musei Gregoriano Profano, Pio Cristiano e Missionario Etnologico
25 Pavillon der Kutschen
26 Passetto di Borgo
27 St. Anna-Tor
28 Kirche Sant'Anna dei Palafrenieri
29 Hof der Schweizergarde
30 Typographie des Vatikans
31 Labor für die Restaurierung von Wandteppichen
32 Kirche San Pellegrino
33 L'Osservatore Romano
34 Zentralpost
35 Apotheke des Vatikans
36 Piazza del Forno
37 Fontana del SS. Sacramento
38 Casina von Pius IV.
39 Päpstliche Akademie der Wissenschaften
40 Gärtnerhaus
41 Adler-Brunnen
42 Torre del Gallinaro
43 Direktion von Radio Vatikan
44 Stadtgrenze der Città Leonina
45 Lourdes-Grotte
46 Johannes-Turm
47 Rundfunksender Marconi
48 Äthiopisches Kolleg
49 Governeurspalast
50 Bahnhof
51 Mosaik- Atelier
52 Kirche Santo Stefano degli Abissini
53 Gerichtsgebäude
54 Gebäude des Erzpriesters
55 Palazzo San Carlo
56 Piazza Santa Marta
57 Domus Sanctae Marthae
58 Gebäude der Kanoniker und Sakristei von St. Peter
59 Piazza dei Protomartiri Romani
60 Collegio Teutonico
61 Aula für Papstaudienzen
62 Palazzo del Sant'Uffizio
63 Kirche San Salvatore in Terrione

Grundriß der Peterskirche

1	Vorhalle
2	Portal des Todes von Manzù
3	Hauptportal von Filarete
4	Heilige Pforte
5	Hauptschiff
6	Kapelle der Pietà
7	Grabmal Leos XII.
8	Grabmal der Königin Christina von Schweden
9	Grabmal Pius' XI.
10	Kapelle des hl. Sebastian
11	Grabmal Pius' XII.
12	Grabmal Innozenz' XII.
13	Grabmal der Matilde von Canossa
14	Sakramentskapelle
15	Grabmal Gregors XIII.
16	Grabmal Gregors XIV.
17	Grabmal Gregors XVI.
18	Gregorianische Kapelle
19	Altar der Madonna del Soccorso
20	Altar des hl. Hieronymus
21	Altar des hl. Basilius
22	Grabmal Benedikts XIV.
23	Rechtes Transept
24	Altar des hl. Wenzeslaus
25	Altar der Heiligen Prozessus und Martinianus
26	Altar des hl. Erasmus
27	Navicella-Altar
28	Grabmal Clemens' XIII.
29	Altar des Erzengels Michael
30	Altar der hl. Petronilla
31	Altar des Heiligen Petrus, der Tabitha vom Tode erweckt
32	Grabmal Clemens' X.
33	Chor mit Cathedra
34	Grabmal Urbans' VIII.
35	Monument der Cathedra des hl. Petrus
36	Grabmal Pauls III.
37	Grabmal Alexanders VIII.
38	Altar des Heiligen Petrus, der einen Gelähmten heilt
39	Kapelle der Madonna della Colonna
40	Altar Leos des Großen
41	Altar der Madonna della Colonna
42	Grabmal Alexanders VII.
43	Herz-Jesu-Altar
44	Linkes Transept
45	Altar des hl. Thomas
46	Josephsaltar
47	Altar der Kreuzigung des hl. Petrus
48	Statue der Heiligen Veronika
49	Statue der Heiligen Helena
50	Statue des hl. Longinus
51	Statue des Heiligen Petrus
52	Konfession und Papstaltar
53	Statue des Heiligen Andreas
54	Bugia-Altar
55	Grabmal Pius' VIII. und Eingang zur Sakristei und zum Kirchenschatz
56	Clementinische Kapelle
57	Altar des hl. Gregor
58	Grabmal Pius' VII.
59	Altar der Verklärung Christi
60	Grabmal Leos XI.
61	Grabmal Innozenz' XI.
62	Chorkapelle
63	Altar der Unbefleckten Jungfrau
64	Grabmal des hl. Pius X.
65	Grabmal Innozenz' VIII.
66	Grabmal von Johannes XXIII.
67	Kapelle der Darstellung der Jungfrau Maria
68	Grabmal Benedikts XV.
69	Grabmal von M. Clementina Sobieski
70	Grabmal der Familie Stuart
71	Taufkapelle
72	Glockenturmbogen
73	Mosaik der Navicella
74	Reiterstandbild Konstantins
75	Reiterstandbild Karls des Großen
76	Largo Braschi
77	Sakristei
78	Kunstgeschichtliches Museum – Schatzkammer der Peterskirche
79	Kapitel
80	Sakristei der Kanoniker

MONTEVIDEO
ALLA MADRE
DELLA LATINITÀ
MCMXXVIII
PASSEGGIATA R. XIII
DEL
GIANICOLO

1

2

3

Via
DOR
Via

4

5

6

Route Nr. 7

❶ Gianicolo	❾ Botanischer Garten
❷ Sant'Onofrio	❿ Trastevere
❸ Eiche des Tasso	⓫ Santa Maria in Trastevere
❹ Leuchtturm des Gianicolo	⓬ Santa Cecilia
❺ Piazzale Garibaldi	⓭ Palazzo Corsini
❻ Villa Doria-Pamphilj	⓮ Villa Farnesina
❼ Tempietto von Bramante	⓯ Tiberinsel
❽ Bosco Parrasio	

PAVLVS QVINTVS PONTIFEX MAXIMVS
ANNO DOMINI MDCXII PONTIFICATVS SVI SEPTIMO
7

8

10

11

9

Der sehr grüne **Gianicolo-Hügel** erstreckt sich auf dem rechten Tiberufer und ist eine Aufeinanderfolge von Entdeckungen wundersamer Orte. An seinen Hängen auf dem gleichnamigen Platz steht die Kirche **Sant'Onofrio** (1439) mit Fresken von Baldassarre Peruzzi und anliegendem Kloster, wo 1595 Torquato Tasso verstarb. Geht man die Gianicolo-Promenade hinauf, kommt man links auch an der Eiche des Tasso vorbei, wo sich der Dichter zur Meditation zurückzog. Ein wenig weiter befindet sich der **Leuchtturm des Gianicolo**, ein Werk von Manfredo Manfredi aus dem Jahr 1911 und ein Geschenk der in Argentinien lebenden Italienern.

Angekommen auf dem **Piazzale Garibaldi** mit dem Reiterstandbild des Helden zweier Welten, einem Werk von Emilio Gallori (1895) kann man einen Ausblick über Rom genießen.

Hier laden seit 1904 um Punkt 12 Uhr drei Soldaten eine Haubitze und feuern einen Schuss ab. Die Tradition des Kanonenschusses geht auf Pius IX. zurück, der um Verwirrung der Uhrzeit bezüglich zu vermeiden 1846 diesen Dienst ins Leben rief. Bevor sie auf dem Gianicolo aufgestellt wurde, feuerte man die Kanone von den Türmen der Engelsburg und später vom Monte Mario ab.

Auf dem Gipfel des Hügels, jenseits der Porta San Pancrazio beginnt die **Villa Doria-Pamphilj**, eine weite Parkanlage, die im 17. Jahrhundert auf Wunsch von Camillo Pamphilj, einem Neffen von Papst Innozenz X. geschaffen wurde. Die große Grünanlage ist eine Aufeinanderfolge von Wiesen, Wäldchen, Teichen und Brunnen, mit harmonischen Bauten und schönen Ausblicken, wie das Casino del Bel Respiro, das Casino Corsini, die Grabkapelle der Familie Doria-Pamphilj, der Garten des Theaters, das Casino di Allegrezza, die Villa Vecchia, die Brunnen der Schnecken, der Lilie, des Cupido, der Venus.

Steigt man in der gegenüberliegenden Richtung die Via Garibaldi hinab, kommt man zu dem grandiosen Brunnen Acqua Paola, der 1612 auf Geheiß von Paul V. entstand. Nicht weit davon kann man die Kirche San Pietro in Montorio aus dem 9. Jahrhundert bewundern mit dem anliegenden herrlichen **Tempietto von Bramante**, wo Petrus gekreuzigt worden sein soll.

Weiter auf der Via Garibaldi kommt man zu einem geheimnisvollen und faszinierenden, wenn auch wenig bekannten Ort: dem **Bosco Parrasio** oder auch Teatro degli Arcadi, ein architektonisches Juwel entworfen von Francesco De Sanctis, dem Schöpfer der Spanischen Treppe. Es hat die Struktur eines Parks auf drei Ebenen, auf der Höhe steht eine Villa mit konkaver Fassade, ein Werk von Francesco Azzurri.

Geht man weiter die Via Garibaldi hinunter, kommt man in die Nähe der Porta Settimiana auf deren linken Seite im Park des Palazzo Corsini sich der **Botanische Garten** mit einer Fläche von 12.000 qm, circa 2000 mq Gewächshäusern und 3500 Pflanzenarten erstreckt. Es ist einer der größten Botanischen Gärten Italiens und sicherlich einer der aktivsten was die wissenschaftliche Kommunikation und Verbreitung der Kenntnisse über Pflanzen und die Umwelt betrifft. Die Sammlungen sind nicht nur von besonderem Interesses auf Grund ihrer wissenschaftlichen Bedeutung sondern vor allem auch wegen der Anbaumethoden und der effektvollen Nachbildung des Lebensraums.

Unter dem Gianicolo liegt das volkstümlichste und typischste Stadtviertel Roms: **Trastevere**, das einst den Etruskern gehörte. Die vielen verwinkelten Straßen und Gassen wurden früher von Handwerkern, Stallmeistern und Köchen bewohnt, die immer damit beschäftigt waren, den Honoratioren ihrer Zeit zu dienen. So entstand ein stolzes Stadtviertel mit laizistischen und libertären Neigungen. Ausdruck dafür ist das Denkmal an *Gioacchino Belli* auf dem gleichnamigen Platz, das dem Poeten des römischen Dialekts gedenkt. Außer den berühmten und antiken Gasthäusern, wahren Hochburgen der traditionellen römischen Küche, sollte man zwischen den vielen zu besichtigen Gebäuden nicht die Kirche San Giovanni Battista dei Genovesi mit dem

TRASSENSCHILD DER ROMENADE AUF DEM IANICOLO
EUCHTTURM DES IANICOLO
UFTANSICHT VON DER IRCHE SANTA MARIA TRASTEVERE
ANTA CECILIA, MITTELSCHIFF
OTANISCHER ARTEN, TRITONEN-RUNNEN
IBERINSEL
ONTANA DELL'ACQUA AOLA
MILIO GALLORI, DENKMAL VON IUSEPPE GARIBALDI
ICHE DES TASSO
EMPIETTO VON RAMANTE
ILLA DORIA-AMPHILJ, CASINO DEL EL RESPIRO
ANTA MARIA IN RASTEVERE

13

14

15

16

dazugehörenden Kloster aus dem 15. Jahrhundert vergessen sowie das Hospiz San Michele und die Basiliken **Santa Maria in Trastevere** und **Santa Cecilia**. Die erste wurde vom Hl. Calixtus im 3. Jahrhundert gegründet, der vorgelagerte Porticus wurde von Carlo Fontana im 18. Jahrhundert hinzugefügt. Die Kirche liegt auf einem der typischsten und ältesten Plätze Roms, den ein von Carlo Fontana errichteter Brunnen ziert. Das Kircheninnere besteht aus drei Schiffen mit einer Holzdecke von Domenichino aus dem Jahr 1617. Das Presbyterium enthält die *Fons Olei*, das heißt den Ort, aus dem 38 v. Chr. Öl hervorquoll, was als Ankündigung für das Erscheinens des Messias gesehen wurde.
Die Basilika Santa Cecilia wurden hingegen im 5. Jahrhundert auf Resten römischer Bauten errichtet. Man tritt in die Kirche durch einen monumentalen Eingang ein, der Ferdinando Fuga (18. Jahrhundert) zugeschrieben wird. Der aus drei Kirchenschiffen bestehende Innenraum beinhaltet das Kaldarium, in dem die Hl. Cäcilie gefoltert worden sein soll sowie die *Monstranz* von Arnolfo di Cambio (1283) mit einer Statue der *Heiligen*, einem Werk von Stefano Maderno.
Man sollte schließlich noch in der Via della Lungara die zwei gegenüberliegenden Paläste besuchen: Palazzo Corsini und Villa Farnesina. **Palazzo Corsini** wurde auf dem ehemaligen Palazzo Riario 1732 von Ferdinando Fuga erbaut und ist Sitz der Accademia Nazionale dei Lincei. Sie beherbergt eine Abteilung der Galleria Nazionale d'Arte Antica – deren Hauptsitz sich im Palazzo Barberini befindet – mit Werken von Van Dyck, Rubens, Caravaggio und Schülern.

Villa Farnesina ist ein Werk aus der Renaissance von Baldassarre Peruzzi (1508), das für den bekannten Bankier Chigi erbaut wurde, der dort Fürsten und Päpste empfing. Die Loggia wurden von Schülern Raffaels mit Fresken nach Entwürfen des Meisters ausgemalt. Zu beachten sind die *Geschichte von Amor und Psyche;* von der Loggia kommt man in den Saal der Galatea mit dem gleichnamigen Fresko, einem berühmten Werk des Sanzio. Im ersten Stock, im Schlafgemach von Agostino Chigi stechen die herrlichen, von Sodoma 1517 ausgeführten Fresken hervor: von besonderer Bedeutung ist die *Hochzeit Alexanders des Großen mit Roxane*.
Geht man den Lungotevere degli Anguillara entlang sieht man gegenüber die **Tiberinsel**, die durch zwei historische Brücken mit den Ufern verbunden ist: Die Pons Cestius aus dem Jahr 46 v. Chr., errichtet von Lucius Cestius und renoviert gegen Ende des 19. Jahrhunderts und die Pons Fabricius, auch Ponte dei Quattro Capi (Brücke der vier Köpfe) genannt. Die Brücke wurde 62 v. Chr. von Lucius Fabricius erbaut und aufgrund des Tiberhochwassers mehrere Male im Laufe der Jahrhunderte restauriert. Im Mittelalter wurde die Brücke Ponte dei Giudei (jüdische Brücke) genannt, weil sie die Insel mit dem jüdischen Ghetto verband. Weiter südlich sieht man die Ponte Rotto (Kaputte Brücke), mit dem einzigen erhaltenen Bogen der Pons Aemilius. Die erste Steinbrücke Roms wurde zwischen 179 und 142 v. Chr. erbaut und obwohl sie seit dem 16. Jahrhundert nur noch eine Ruine ist, bewahrt sie doch noch bis heute all ihren antiken Charme.
Die Tiberinsel ist wahrscheinlich vulkanischem Ursprungs und entstand im Laufe der Jahrhunderte durch die Anhäufung von angeschwemmten Erdschichten. Da die Insel die Form eines Schiffes aufweist erbaute man in der Antike am Bug den Jupitertempel und am Heck den Tempel des Äskulap. In der Mitte der Insel hingegen ahmte ein Obelisk den Mast nach. An dieser Stelle erhebt sich heute eine Fiale, ein Werk von Ignazio Jacometti von 1869, gegenüber der antiken Kirche San Bartolomeo aus dem 10. Jahrhundert. Im Mittelalter erbaute man auf der Tiberinsel ein von Benediktiner Nonnen geführtes Kloster, gegen Mitte des 16. Jahrhunderts wurde an dessen Stelle ein Krankenhaus eingerichtet, das vom Orden der Barmherzigen Brüder geführt wird. Sie nutzten das antike Gebäude zur Krankenpflege. Der ebenfalls schon seit jeher auf der Insel ansässige Orden der Sacconi Rossi hatte hingegen die Aufgabe, die Leichen ertrunkener Personen zu bergen und zu begraben.

Santa Cecilia
Villa Farnesina
Villa Farnesina, Raffael, *Triumph der Galatea*
Villa Farnesina, Schüler von Raffael, *Die Geschichte von Amor und Psyche*, Detail
Tiberinsel

1

2

3

4

Route Nr. 8

1. Schildkrötenbrunnen
2. Marcellustheater
3. Forum Boarium
4. San Giorgio in Velabro
5. Santa Maria in Cosmedin
6. Circus Maximus

6

7

8

9

10

11

Marcellustheater, Detail
Piazza Mattei, Schildkröten-Brunnen
Ansicht des Marcellustheaters und des Apollon-Tempels
Teilansicht des Janusbogen und des Glockenturms der Kirche San Giorgio in Velabro
Circus Maximus und Palatin
Piazza Mattei, Schildkröten-Brunnen, Detail
Marcellustheater
Vestatempel auf dem Forum Boarium
Santa Maria in Cosmedin
Tempel der Fortuna Virilis
Circus Maximus und Palatin
Mund der Wahrheit

Auf der Piazza Mattei, am Ende der Via dei Funari kann man den herrlichen und außergewöhnlichen **Schildkrötenbrunnen** bewundern, ein Werk von Taddeo Landini und Giacomo Della Porta (1584). Es ist eines der erlesensten und elegantesten Meisterwerke Europas was Entwurf und Ausführung vor allem der Jünglingsfiguren betrifft. Sanft schieben sie die anmutigen Schildkröten, die zum Trinken ins darüber liegenden Becken klettern.

Das **Marcellustheater**, Roms einziges erhaltenes, antikes Theater, wurde 13. v. Chr. von Augustus zum Gedenken an seinen Neffen Marcellus errichtet, der schon in jungen Jahren verstorben war.

Der ziemlich mächtige Bau bestand ursprünglich aus drei Bogenordnungen mit Tonnengewölben und diente beim Bau des Kolosseums als Modell. Die Bedeutung dieses Theater besteht auch darin, dass es komplett verschieden vom griechischen Theater konzipiert wurde.

Die Piazza della Bocca della Verità entspricht dem antiken **Forum Boarium** und beinhaltet die Casa dei Crescenzi aus dem 11. Jahrhundert, eine kleine Festung mit antiken römischen Resten und Dekorationen, den Tempel der Fortuna Virile, der heute als dem Portunus geweiht identifiziert wird und aus dem 2. bis 1. Jahrhundert v. Chr. stammt und den Vestatempel mit kreisförmigem Grundriss und korinthischen Säulen. Gegenüber findet man den Janusbogen (von *Janus*, Name des römischen Gottes des Eingangs und des Ausgangs) aus der Zeit Konstantins (4. Jahrhundert). Dahinter liegt die Kirche **San Giorgio in Velabro** aus dem 6. Jahrhundert mit einem Original Porticus und einem Glockenturm aus dem 12. Jahrhundert. An diesen schließt der Arco degli Argentari (Bogen der Geldwechsler) aus dem 3. Jahrhundert an, der zu Ehren von Kaiser Septimius Severus und seiner Gattin Julia Domna errichtet wurde.

Die Kirche ist nach *Velabrum* benannt, dem Sumpf, wo Faustulus die ausgesetzten Knaben Romulus und Remus gefunden haben soll.

Sehr interessant ist auch die Cloaca Maxima gegenüber der Kirche, dieses herausragende Werk der antiken römischen Ingenieurskunst sammelte das Wasser aus den umliegenden Anhöhen und leitete es in den Tiber.

12

Die nahe gelegene **Kirche Santa Maria in Cosmedin** stammt ursprünglich aus dem 6. Jahrhundert, wurde später aber mehrfach umgebaut. Sie weist einen schönen Glockenturm aus dem 12. Jahrhundert sowie einen interessanten Porticus mit Bögen und Säulen auf. Es ist der einzige Porticus Roms mit vorgelagerter Prothyra, der in dieser Form aus dem Mittelalter erhalten ist. Auf der linken Seite des Eingangshalle steht die *Bocca della Verità* (Mund der Wahrheit), eine antike Brunnenmaske, die einen Flussgott darstellt. Der Legende nach soll sie die Macht besitzten, Lügnern die Hand abzubeißen. Gegenüber der Kirche sieht man den Tritonenbrunnen von Francesco Carlo Bizzaccheri aus dem Jahr 1715. Weiter vorne tut sich die Piazzale Uga La Malfa mit dem Denkmal an *Giuseppe Mazzini* auf, einem Werk von Ettore Ferrari von 1929. Gegenüber findet man den **Circus Maximus** mit einer Länge von 600 Metern, sein Bau soll angeblich auf die Zeit von Tarquinius Priscus zurückgehen. Später wurde er von Caesar und Augustus umgebaut und verschönert. Sie ließen dort eine kaiserliche Tribüne errichteten sowie einen Obelisken aufstellten, der sich heute auf der Piazza del Popolo befindet. Konstantin II., Kaiser Konstantins Sohn, ließ einen zweiten Obelisken errichten, der heute auf der Piazza San Giovanni in Laterano steht. Der Circus fasste bis zu dreihunderttausend Zuschauer und blieb bis 549 in Betrieb.

1

2

3

4

5

Route Nr. 9

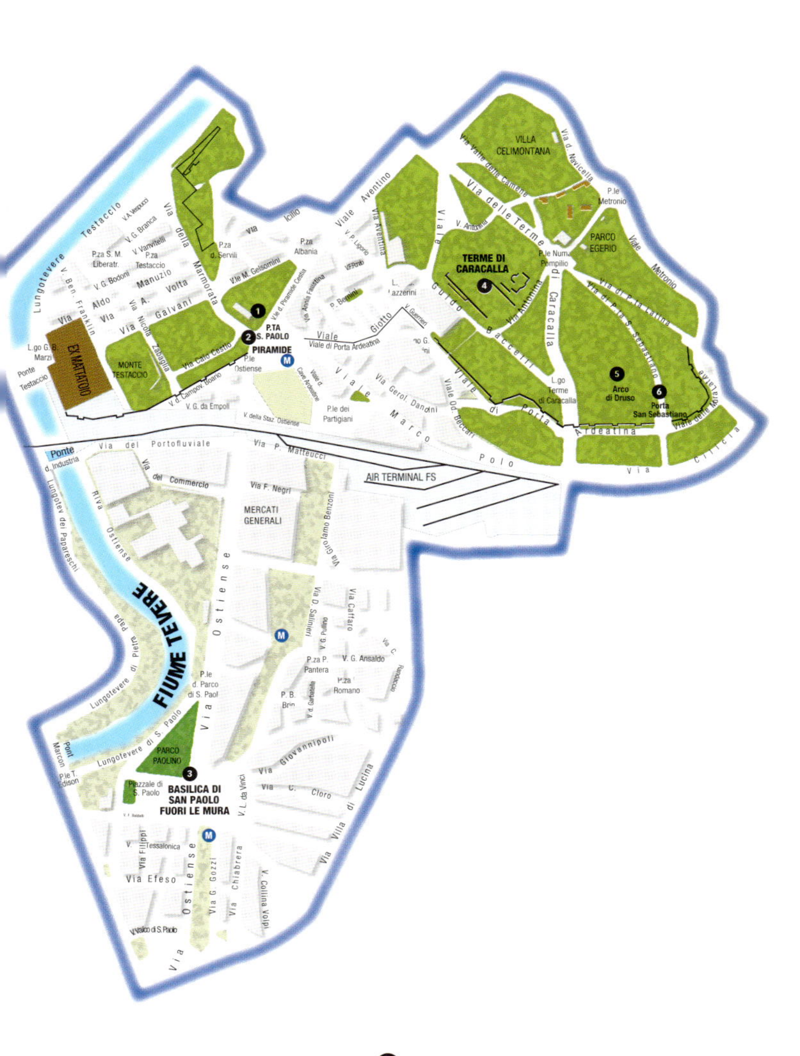

1. Porta San Paolo
2. Pyramide des Caius Cestius
3. Sankt Paul vor den Mauern
4. Caracalla-Thermen
5. Triumphbogen des Drusus
6. Porta San Sebastiano
   Museo delle Mura

6

7

8

9

Der Lungotevere Aventino und die Via Marmorata (zu deren Rechten vom Tiber her kommend sich Monte Testaccio befindet) bringen uns in die Nähe der **Porta San Paolo** und der **Pyramide des Caius Cestius**, die die Grenze zum nicht katholischen Friedhof darstellt. Hier wurden zusammen mit Schauspielern und Prostituierten all diejenigen begraben, denen die Kirche eine geweihte Grabstätte verweigerte weil sie nicht dem katholischen Glauben angehörten. Die Porta San Paolo ist die antike Porta Ostiense, die Kaiser Aurelian in die von ihm errichtete Stadtmauer aus dem 3. Jahrhundert einfügen ließ. Im 5. Jahrhundert ließ Kaiser Honorius sie restaurieren und einen der Schwibbögen entfernen. Die 27 Meter hohe Pyramide links wurde zu Ehren von Caius Cestius (12. v. Chr.) als Grabmal des Tribuns errichtet.
Verfolgt man die Via Ostiense, kommt man schließlich zu der Basilika **San Paul vor den Mauern**, der zweitgrößten nach dem Petersdom. Sie wurde von Kaiser Konstantin 324 über dem Grab des Apostels Paulus errichtet und wurde aber leider bei einem Brand im Jahr 1823 vollständig zerstört. Der Quadriporticus von Guglielmo Calerdini (1892) mit 146 Säulen und der Statue des *Apostels Paulus* in der Mitte liegt vor der Fassade mit dem schönen Mosaik nach Entwürfen von Filippo Agricola. Das grandiose Innere ist 131 Meter lang und 65 Meter breit. Es besteht aus fünf Kirchenschiffen mit 80 monolithischen Säulen und bildet originalgetreu (auch wenn die ursprüngliche Atmosphäre verloren gegangen ist) die Raumaufteilung der antiken Basilika nach. Von dieser sind die bronzene Porta Bizantina aus dem 11. Jahrhundert erhalten, rechts vom mittleren Portal die Fassade betrachtend, die Mosaiken des Triumphbogens aus dem 5. Jahrhundert und das wunderschöne *Tabernakel* von Arnolfo di Cambia aus dem 13. Jahrhundert. Schön anzusehen ist die Kassettendecke wie auch die interessanten Mosaikmedaillons mit Papstporträts angefangen von Petrus bis zu den Päpsten aus heutiger Zeit unter den Wandfenstern. Eine besonders aufmerksame Besichtigung ist auch der herrliche Kreuzgang aus dem 13. Jahrhundert wert, der von dem Feuer verschont blieb. Er ist einer der schönsten Entwürfe von Vassallotto (1214) mit seinen abwechselnd

1 Cestius-Pyramide und Porta San Paolo
2 Sankt Paul vor den Mauern
3 Luftansicht der Caracalla-Thermen
4 Porta San Paolo, Detail
5 Porta San Sebastiano
6 Sankt Paul vor den Mauern
7 Sankt Paul vor den Mauern, Mittelschiff
8 Sankt Paul vor den Mauern, Kreuzgang
9 Cestius-Pyramide und Porta San Paolo
10 Sankt Paul vor den Mauern, Kreuzgang, gewundene Säule
11 Sankt Paul vor den Mauern, Detail

11

12

13

14

1

glatten und spiralförmigen, zierlichen Doppelsäulen, über denen sich ein Mosaikgebälk schlängelt. Verfolgt man die Via Ostiense weiter und biegt in die Via Laurentina ein, kommt man zur Abtei Tre Fontane, die an dem Ort errichtet wurde, wo der Legende nach der Apostel Paulus enthauptet worden sein soll. Zurück auf der Porta San Paolo folgt man der Viale Aventino. Auf der rechten Seite erheben sich die großartigen Ruinen der **Caracallathermen**, die erstaunlich in ihrer grandiosen Weite sind. Die Thermen wurden zwischen 212 und 217 n. Chr. von Caracalla erbaut, maßen ursprünglich gut 337 x 328 Meter und konnten bis zu 1600 Badegäste aufnehmen. Bevor man zu dem eigentlichen Schwimmbecken kam, (*natatio*) gelangte man in den Umkleideraum (*apodyterium*), von dort begann die Prozedur des Bades mit verschiedenen sportlichen Diziplinen, die sowohl drinnen als auch draußen durchgeführt werden konnten. Ein rechteckiger Raum zeichnete sich durch kleine schrägliegende Eingänge aus, die einen Wärmeverlust vermeiden sollten. Dies war das *Laconicum* (Dampfbad). Von dort kam man in das *Calidarium*, einem großen, runden Saal mit 34 Metern Durchmesser. In der Mitte befand sich ein großes rundes Becken mit heißem Wasser. Die bisher beschriebene Prozedur konnte ebenfalls in der anderen, identischen Gebäudehälfte durchgeführt werden.
Von hier vereinten sich die Wege und man begab sich anschließend ins *Tepidarium*, ein kleinerer Raum mit lauwarmer Temperatur. Darauf folgte das *Frigidarium* in der zentralen Halle mit der Form einer Basilika. Zum Abschluß gelangte man in das *Natatio*, einem Schwimmbecken im Freien. Im Laufe der Jahrhunderte hat man in den Thermen außerordentliche Kunstwerke gefunden, wie zwei gigantische Skulpturen der Familie Farnese, die im 16. Jahrhundert entdeckt wurden: den *Stier* und *Herkules*, heute im Museo Archeologico Nazionale in Neapel zu sehen; das Mosaik *Athleten*, entdeckt 1824 und ausgestellt heute in den Vatikanischen Museen, die zwei Becken aus Granit, die den Brunnen auf der Piazza Farnese formen.
Via di Porta San Sebastiano ist eine malerische, abgeschiedene Straße, die sich zwischen niedrigen Mauern und archäologischen Resten hindurchschlängelt. Auf der rechten Seite befindet sich die im 16. Jahrhundert renovierte Kirche San Cesareo mit Kosmatenarbeiten. In der Nähe liegt auch das Haus des Kardinals Bessarione (Hausnummer 8), ein hübsches Gebäude aus dem 15. Jahrhundert mit Renaissance-Möbeln und einem Ziergarten. Das Grabmal der Scipioni (Hausnummer 9) aus republikanischer Zeit bewahrt die Überreste verschiedener Sarkophage der adligen römischen Familie auf. Der angrenzende Park hingegen verbirgt das Kolumbarium des Pomponio Hylas mit Urnen und Malereien aus dem 1. Jahrhundert.
Der aus dem 3. Jahrhundert stammende **Drususbogen** am Ende der Via Porta San Sebastiano stützte ursprünglich das Antonianische Aquädukt, das zur Wasserversorgung der Caracalla-Thermen diente. An der **Porta San Sebastiano** angelangt, dem größten und am besten erhaltenen Tor in der Aurelianischen Stadtmauer, kann man das interessante **Museo delle Mura** (Stadtmauermuseum) besichtigen. Es bezeugt die Geschichte der römischen Stadtmauern von ihrem Bau bis ins 20. Jahrhundert.

Caracalla-Thermen
Caracalla-Thermen
Porta San Paolo, Detail
Drususbogen

1

2

3

4

Route Nr. 10

1. Via Appia Antica
2. Kallixtus-Katakomben
3. Sebastians-Katakomben
4. Circus des Maxentius
5. Grabmal der Caecilia Metella
6. Domitilla-Katakomben

5

6

7

9

8

10

Die **Via Appia Antica**, die *Regina Viarum*, war eine der wichtigsten römischen Straßen. Sie wurde 312 v. Chr. von Appius Claudius angelegt, um Rom mit Capua zu verbinden und 190 v. Chr. bis nach Brindisi verlängert. Zahlreiche Grabmäler, Villen und Katakomben wechseln sich entlang dieser faszinierenden, antiken Straße ab, die wir jetzt gemeinsam entdecken werden: Die im 17. Jahrhundert wieder aufgebaute Kirche des *Domine quo vadis?* Wurde an dem Ort errichtet, an dem der Überlieferung nach Petrus Jesus traf und ihm die Frage stellte: „Herr, wohin gehst Du?" „Ich komme, um mich erneut kreuzigen zu lassen!" antwortete Jesus. Petrus soll daraufhin beschlossen haben, umzukehren und den Märtyrertod zu sterben. Im Inneren wird eine Reproduktion der Fußabdrücke Jesus aufbewahrt, die er der Legende nach auf einem Stein hinterlassen haben soll. Der Original Stein befindet sich heute in der Basilika San Sebastiano.

In der Nähe der Via Ardeatina kann man die Ardeatinischen Höhlen besichtigen, wo am 24. März 1944 das Massaker an 335 Italienern durch die deutschen Besatzungstruppen stattfand.

Die aus dem 3. Jahrhundert stammenden Kallixtus-Katakomben gehören zu den am besten erhaltenen und wurden nach Papst Kallixtus benannt. In ihnen sind einige Märtyrer-Päpste wie Pontianus, Fabianus und Sixtus II. bestattet. Außerdem hat man dort den intakten Leichnam der Hl. Cäcilia gefunden, die unter Kaiser Marc Aurel den Märtyrertod gestorben war. Von besonderem künstlerischem Wert sind die Grabkammern der Sakramente mit Malereien aus dem 3. Jahrhundert, die Taufe und Eucharistie versinnbildlichen.

Die **Sebastians-Katakomben** erstrecken sich über circa 12 km. Entstanden sind sie aus einer Puzzolanerdgrube, die zuerst als heidnische Begräbnisstätte (3. Jahrhundert n.Chr.) und später als christlicher Friedhof mit dem Namen der Heiligen Petrus und Paulus genutzt wurde, da dort die Leichname der Apostel bestattet worden sein sollen. Die Bezeichnung Katakomben für diese Art von Gruben wurde ganz klar aus dem Griechischen abgeleitet so bedeutet nämlich *katà kymbas* „in der Nähe der Höhle". Die Katakomben entsprachen folglich unseren Friedhöfen. Tatsächlich lebten die ersten Christen nicht dort sondern bestatteten ihre Toten an diesen Orten und beteten weit weg des Lärms, um in tiefer Geistlichkeit zu verharren. Außerdem mussten nach römischen Recht die Toten sowohl aus hygienischen als auch moralischen Gründen außerhalb der Stadtmauern bestattet werden. Die heutige Basilika wurde erst im 6. Jahrhundert dem heiligen Sebastian zu Ehren seines Martyriums geweiht. Er war ein Offizier der Prätorianergarde und wurde 298 von Soldaten mit Pfeilen beschossen und mit eisernen Ruten geschlagen. In der Kirche kann man die Krypta und das Grab des heiligen Sebastian sehen, in dessen Nähe eine kostbare Büste des Heiligen zu finden ist, die Bernini zugeschrieben wird. Die heutige Kirche nimmt nur das Mittelschiff der *Basilica Apostolorum* ein während man in den Kellergeschossen, die auf drei Ebenen treppenförmig angelegt sind und in denen die Temperatur immer konstant bleibt, die unterschiedlichen Bestattungsarten erkennen kann: die horizontale Grabnische, in die der in ein Tuch gewickelte Leichnam gelegt wurde. Das Arkosolium, ein Wandgrab, bei dem sich über dem Grabtrog eine Bogennische wölbt, um anzuzeigen, dass an diesem Ort ein Märtyrer bestattet wurde. Der Sarkophag, ein Steinsarg mit Basreliefs, die Reichtum und adlige Abstammung erkennen lässt. Das Ganze wurde von Venushaarpflanzen mit Sauerstoff angereichert, die aus großen Oberlichtern herabhingen. In der Vergangenheit wurden die Grabnischen von Barbaren auf der Suche nach Gold oder von Christen auf der Suche nach Reliquien geöffnet. Die Tatsache,

Via Appia Antica
Kallixtus-Katakomben, Krypta der Päpste
Grabmal der Caecilia Metella
Maxentiuscircus
Via Appia Antica
Luftansicht der Via Appia und der Torre Selce
San Sebastiano
Sebastians-Katakomben, Krypta San Sebastiano
Kallixtus-Katakomben, Krypta der Päpste
Kallixtus-Katakomben, Gräber mit Fresken von fünf Heiligen

11

12

das man in vielen Wänden Ziegel mit dem kaiserlichen Siegel findet, kommt daher, dass die Terrakottaproduktion ein Staatsmonopol war. In den zahlreichen kleineren Grabnischen wurden Kinder beigesetzt, man kann daran die sehr hohe Kindersterblichkeit zu jener Zeit erkennen. Bei den verschiedenen Graffiti, die in den Katakomben zu finden sind, handelt es sich hingegen um christliche Symbole mit eindeutiger Bedeutung: Fisch = Christus; Palme = Martyrium; Anker = Hoffnung; Taube = Seele. Um den Ort zu finden, wo 258 n. Chr. die sterblichen Überreste der Heiligen Petrus und Paulus beigesetzt wurden, steigt man ein Treppe hinauf, die in ein Oratorium aus dem 3. Jahrhundert führt. Dort sieht man auf den mit Stuck versehenen Wänden etwa 500 Graffitti, mit denen die Pilger Lobpreisungen, Gebete und Fürbitten an die zwei Apostel richteten, deren Leichname dort gut 55 Jahre lang geruht hatten. Etwa dreihundert Meter hinter der Kirche San Sebastiano findet man auf der linken Seite den Circus des Maxentius. Diesen ließ der Kaiser selbst 309 n. Chr. errichten und durch einen Tunnel mit dem angrenzenden Kaiserpalast verbinden. Gegenüber erhebt sich das Mausoleum des Romulus, einem Sohn des Maxentius, der in schon als Kind verstarb.

Das **Grabmal der Caecilia Metella** ist das bekannteste Monument auf der Via Appia und bewahrt den Grabstein der Ehefrau von Crassus auf. Es handelt sich um einen zylinderförmigen Wachturm von etwa 20 Metern Durchmesser, der mit Travertin verkleidet ist und dessen Zinnenkranz 1302 hinzugefügt wurde. Neben dem Grab steht die Ruine des mittelalterlichen Schlosses der Caetani (14. Jahrhundert) mit anliegender gotischer Kirche San Nicola. Diese wird von einem interessanten Glockenturm überragt.

Die **Domitilla-Katakomben** auf der Via Ardeatina sind nach einer kaiserlichen Familie benannt, die im 2. Jahrhundert n. Chr. das Martyrium erlitt. Die dreischiffige Basilika wurde auf dem Grabmal der Märtyrer Nereus und Achilleus erbaut und stammt aus dem 4. Jahrhundert. Interessant sind die allegorischen Fresken, welche die *Heilige Petronilla* darstellen, das *Wunder der Quelle*, *der Heiland zwischen den Aposteln*, und die berühmte *Szene der Epiphanie*.

Links von der Via Appia kann man die Albanischen Berge bewundern, an deren Hänge die Castelli Romani liegen. Diese sind bekannt für die typischen Dörfer und die malerische und liebliche Hügellandschaf. Geht man die Straße weiter entlang, kann man die Reste der römischen Grabmäler in einem mythischen und faszinierenden Anblick gemeinsam bewundern.

MAUSOLEUM DES ROMULUS

GRABMAL DER CAECILIA METELLA

DOMITILLA-KATAKOMBEN, ARKOSOLGRAB DER VENERANDA

DOMITILLA-KATAKOMBEN, *CHRISTUS ZWISCHEN DEN APOSTELN*

1

2

3

4

5

Route Nr. 11

1 Basilika San Clemente

2 Das Baptisterium des Lateran

3 Basilika San Giovanni in Laterano

4 Lateranpalast

5 Die Scala Santa (Heilige Treppe)

6 Basilika di Santa Croce in Gerusalemme

6

7

8

9

Diese Besichtigungstour bringt uns zum Beginn der Via San Giovanni in Laterano, zur Basilika **San Clemente**, die ihren Namen nach Clemens erhielt, dem vierten Papst der römischen Kirche. Die obere Basilika aus dem 12. Jahrhundert wurde im 18. Jahrhundert modernisiert. Durch eine Prothyra und einen mittelalterlichen Quadriporticus gelangt man in das Kircheninnere, wo man Fresken von Masolino da Panicale, mit *Geschichen der heiligen Katherina von Alexandria* sehen kann (1431) sowie ein herrliches, großes Mosaik *Triumph des Kreuzes* (12. Jahrhundert) in der Apsis.

Von der Kirche aus steigt man in die faszinierenden und geheimnisvollen Kellergeschosse hinab, wo man auf Kultstätten trifft, die im Laufe der Jahrhunderte aufeinander folgten. Man gelangt zuerst in die Räume aus der romanischen Periode, steigt dann in die dreischiffige Basilika mit mittelalterlicher Apsis herab um schließlich in das antike römische Viertel zu gelangen. In den Zonen unterhalb der frühchristlichen Basilika hat man unterschiedliche archäologische Funde auf den Wänden zusammengesetzt. Im Triklinium hingegen wird die Ausübung des Mithraismus gezeigt, einem aus Persien stammenden Kult, der sich bis nach Italien ausbreitete. Im 4. Jahrhundert löste sich der Kult auf, unter anderem auch weil gegen ihn ein kaiserliches Interdikt verhängt wurde.

Geht man die Straße San Giovanni in Laterano bis zum Ende weiter, kommt man auf den gleichnamigen Platz, der in der Mitte von dem 32,18 Meter hohen Oblisken des Sixtus V., Sockel nicht eingerechnet, beherrscht wird (dieser ist der älteste und höchste aller erhaltenen Obelisken).

Der rote Granit ist mit Hieroglyphen bedeckt, die aus der Regierungszeit des Thutmosis III. stammen (1504-1450 v. Chr.). Kaiser Konstantin veranlasste die Überführung des Obelisken nach Alexandria. Nach seinem Tod ließ sein Sohn Konstantin II. den Monolith auf einem enormen, eigens zu diesem Zweck erbauten Schiff nach Rom transportieren. 357 n. Chr. wurde er im Circus Maximus aufgestellt, am 10. August 1588 überführte man ihn schließlich zu seinem heutigen Standort. Auf der rechten Seite des Platzes steht das Baptisterium des Lateran, das auf Geheiß von Konstantin entstand und von Sixtus III. im 5. Jahrhundert renoviert wurde. Im achteckigen Innenraum findet man verschiedene Doppelsäulen mit Architrav, auf den sich die Kuppel stützt. In der vierten Kapelle, der des Heiligen Johannes Evangelisten, ist eine Bronzetür aus dem Jahr 1196 erhalten sowie im Gewölbe Mosaiken aus dem 6. Jahrhundert mit Tiersymbolen. Die Entstehung der großen Basilika **San Giovanni in Laterano** geht auf das

San Clemente, Innenansicht
Lateranbasilika
Segens-Loggia
Baptisterium der Lateranbasilika, Innenansicht
Scala Santa
San Clemente, Prothyra
San Clemente, Innenraum
Segens-Loggia und Baptisterium der Lateranbasilika
Baptisterium der Lateranbasilika, Innenansicht
Baptisterium der Lateranbasilika, Innenansicht
Baptisterium der Lateranbasilika, Taufbecken

11

CLEMENS XII PONT MAX ANNO V
CHRISTO SALVATORI
IOAN BAPT ET EVANG

12

13

14

15

HAEC EST
HORA VESTRA
ET POTESTAS
TENEBRARVM
OSCVLO
FILIVM HOMINIS
TRADIS

6

4. Jahrhundert zurück. Sie wurde mehrmals von berühmten Baumeistern wie Domenico Fontana und Francesco Borromini vergrößert und umgebaut. Die von Alessandro Galilei errichtete Fassade zeigt eine majestätische, einheitliche Säulenordnung und 15 Statuen über dem Architrav. Fünf Türen führen ins Innere mit einem Grundriss in Form des lateinischen Kreuzes, 130 Metern Länge und fünf Kirchenschiffen. Außer dem schönen Kosmaten-Fußboden aus der Zeit von Martin V. (1417-1431) und der wunderbaren Holzdecke aus der Renaissance, weist die Basilika ein wunderschönes Querschiff auf, das anlässlich des Jubiläumsjahres 1600 dekoriert wurde. Außerdem zu beachten ist das spitzbogige Tabernakel über dem Papstaltar. Vom rechten Querschiff kommt man zur Schatzkammer und von der letzten Kapelle links zum wunderschönen Kreuzgang, errichtet von der Künstlerfamilie Vassalletto (1215-1230) mit Doppelsäulen und mosaikverzierten Friesen.

Neben der Basilika erhebt sich der majestätische, strenge Lateranpalast, die antike Papstresidenz seit der Zeit Konstantins bis 1377, als sie in den Vatikan verlegt wurde. Am Rand des Platzes liegt das 1590 von Domenico Fontana für Papst Sixtus V. errichtete Gebäude, das die **Scala Santa** (Heilige Treppe) enthält. Der Überlieferung nach soll Jesus über diese Treppe vor Pontius Pilatus geführt worden sein. Es handelt sich um 28 mit Holz verkleideten Stufen, die einige Gläubige betend auf den Knien erklimmen. Die Treppe führt in die Kapelle San Lorenzo, auch *Sancta Sanctorum* genannt. Diese ist mit einem Kosmatenfußboden aus dem 13. Jahrhundert verziert und mit zahlreichen heiligen Reliquien bereichert.

Anschließend nimmt man die Via Carlo Felice in der Nähe der Aurelianischen Mauer und gelangt so zu der Basilika **Santa Croce in Gerusalemme** auf dem gleichnamigen Platz. Sie wurde von Konstantin 320 zur Aufbewahrung der Kreuzesreliquien errichtet, die seine Mutter Helena aus dem Heiligen Land mitgebracht hatte. Die Kirche wurde zahlreichen Um- und Wiederaufbauten unterzogen, vor allem im 17. und 18. Jahrhundert, wie die Barockfassade und der romanische Glockenturm zeigen. Innen kann man in der Apsis die schöne Freske *Triumph des Kreuzes* bewundern, die wahrscheinlich von Antoniazzo Romano (1492) stammt. Außerdem findet man das Grabmal des *Kardinals Francesco Quiñones* von Jacopo Sansovino (1536). Vom rechten Kirchenschiff aus, kann man bis in die Helenakapelle hinabsteigen. Diese weist ein herrliches Gewölbe mit einem Mosaik aus dem 5. Jahrhundert auf, das im 15. Jahrhundert von Melozzo da Forlì wieder aufgebaut wurde. Vom hinteren Bereich des linken Kirchenschiffs gelangt man in die Kapelle der Reliquien, wo die Reliquien des Heiligen Kreuzes aufbewahrt werden.

17

12 Lateranbasilika
13 Lateranbasilika, Apsis
14 Lateranbasilika, Kreuzgang
15 Scala Santa
16 Santa Croce in Gerusalemme

1

2

3

Route Nr. 12

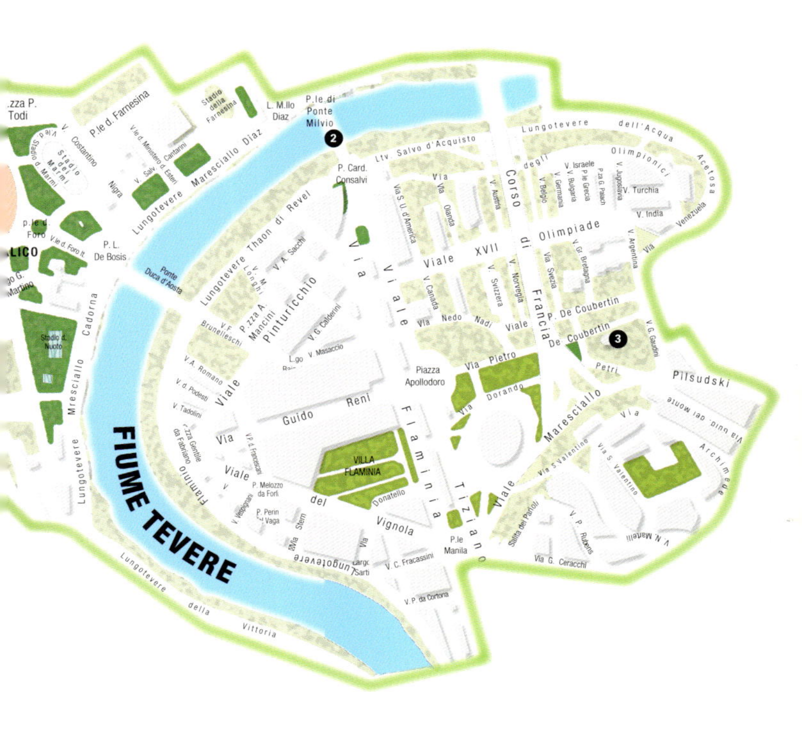

 Foro Italico

 Milvische Brücke

 Auditorium 'Parco della Musica'

4

5

Geht man die lange Viale Angelico hinunter bis zur Tiberpromenade, kommt man schließlich zum **Foro Italico** mit seinen zahlreichen Gebäuden und Sportstätten wie das Olympiastadion, Schwimmstadion, das von Marmorstatuen gesäumte Stadio dei Marmi, das Tennisstadion und der Sitz des nationalen italienischen olympischen Komitees. Der Architekt Enrico Del Debbio erbaute hier zwischen 1928 und 1932 nach griechisch antikem Vorbild ein Sportstättenkomplex, der ursprünglich Foro Mussolini genannt wurde. Das faschistische Regime wollte damit die Kraft und körperliche Schönheit der italienischen Jugend verherrlichen. Zu den wichtigsten Werken zählt das Stadio dei Marmi aus dem Jahr 1932, das von 60 nackten, jungen Athleten gesäumt ist, die in verschiedenen Pose wie zum Beispiel beim Ringkampf, Lauf, Diskus- oder Speerwerfen dargestellt sind, fast wie eine moderne Fortführung der Kunst Michelangelos. In den Seitenstraßen des Foro Italico findet man Mosaike, die nach Entwürfen von Gino Severini, Angelo Canevari, Achille Capizzano und Giulio Rosso entstanden. Die Straße endet auf dem gleichnamigen Platz mit dem Brunnen der Kugel in der Mitte, einem Werk von Mario Paniconi und Giulio Pediconi.
Nicht weit entfernt vom Foro Italico kann man die **Milvische Brücke**, auch *Ponte Mollo* genannt, überqueren. Sie wurde 109 v. Chr. vom Zensor Marcus Aemilius Scaurus errichtet und ersetzte eine schon seit dem 3. Jahrhundert v. Chr. bestehende Holzbrücke.
Auf dem linken Tiberufer, auf der gegenüberliegenden Seite des Foro Italico findet man auf der Höhe der Viale Pietro de Coubertin das **Auditorium „Parco della Musica"**. Es wurde vom Architekten Renzo Piano entworfen und zwischen 1995 und den ersten Jahren des 21. Jahrhunderts erbaut.
Die Struktur umfasst drei unterschiedlich große Konzertsäle mit einer lamellenförmigen Holzabdeckung, die strahlenförmig um den Zuschauerraum angeordnet ist. In einem kleinen Freilichtamphitheater finden bis zu 3000 Zuschauer Platz. Der Gebäudekomplex umfasst darüber hinaus ein Restaurant, eine Buchhandlung und zwei Daueraustellungen: das Archäologische Museum mit Funden, die beim Bau des Auditoriums zu Tage kamen und das Musikinstrumente-Museum der Accademia Nazionale di Santa Cecilia, eine der wichtigsten Sammlungen dieser Art in Italien. Den bedeutendsten Teil der Ausstellung bilden italienische Lauten aus dem 17. bis 20. Jahrhundert

TADIO DEI MARMI
IILVISCHE BRÜCKE
UDITORIUM 'PARCO
ELLA MUSICA'
OLYMPIASTADION
IILVISCHE BRÜCKE,
ETAIL
UDITORIUM 'PARCO
ELLA MUSICA'

6

Museen in Rom

1

2

3

4

ARCHÄOLOGISCHE MUSEEN

Antiquarium Forense
piazza Santa Maria Nova, 53 - tel. 06 6990110

Etruskisch-Italisches Museum
piazzale Aldo Moro, 5 - tel. 06 49913315
www.uniroma1.it/musei/indexmusei2.asp

Museo des Ara Pacis
lungotevere in Augusta - 06 82059127
www.arapacis.it

Museum der klassischen Kunst - Gipsfigurenkabinett
piazzale Aldo Moro, 5 - tel. 06 49913960
www.uniroma1.it/musei/indexmusei2.asp

Museo Barracco
corso Vittorio Emanuele II, 166/a - tel. 06 68214105
www.museobarracco.it

Kapitolinische Museen
piazza del Campidoglio, 1 - tel. 06 82059127
www.museicapitolini.org

Museum der römischen Zivilisation, Planetarium und Astronomisches Museum
piazza Giovanni Agnelli, 10 - tel. 06 5422919
www.museociviltaromana.it
www.planetarioroma.it

Stadtmauermuseum
via di Porta San Sebastiano, 18 - tel. 06 70475284
www.museodellemuraroma.it/

Museum für orientalische Kunst
via Merulana, 248 - tel. 06 4874415
www.museorientale.it/

Etruskisches Museum Villa Giulia
piazzale di Villa Giulia, 9 - tel. 06 3200562
www.villaborghese.it

Nationales Prähistorisches Ethnographisches Museum „Luigi Pigorini"
piazzale Guglielmo Marconi, 14 - tel. 06 549521
www.pigorini.arti.beniculturali.it

Museo Nazionale Romano
Palazzo Massimo
largo di Villa Peretti, 1 - tel. 06 4814144
Reservierungen: 06 39967700
www.archeorm.arti.beniculturali.it

Museo Barracco, griechisch-römische Abteilung
Kapitolinisches Museum, Sala del Gladiatore
Museo Nazionale Preistorico Etnografico 'Luigi Pigorini',
Mosaik-Maske
Museum des Konservatorenpalastes, Reiterstandbild des Marc Aurel

5

6

Museo Nazionale Romano der Thermen, *Grosser Kreuzgang*

Museo Nazionale Romano der Aula Ottagona oder der Minerva

Museo Nazionale Etrusco di Villa Giulia, *Sarkophag der Brautleute*

Museo Nazionale Etrusco di Villa Giulia, *Cista Ficoroni*

Museo Nazionale Romano im Palazzo Altemps, Galata, der zusammen mit der Ehefrau Selbstmord begeht

Diokletiansthermen
via Enrico De Nicola, 78 - tel. 06 47826152
Reservierungen: 06 39967700
www.archeorm.arti.beniculturali.it

Aula Ottagona o della Minerva
via Romita, 8 - tel. 06 4880530
Reservierungen: 06 39967700
www.archeorm.arti.beniculturali.it

Palazzo Altemps
piazza Sant'Apollinare, 44 - tel. 06 6833759
Reservierungen: 06 39967700
www.archeorm.arti.beniculturali.it

Balbi-Krypta
via delle Botteghe Oscure, 31 - tel. 06 39967700
Reservierungen: 06 39967700
www.archeorm.arti.beniculturali.it

Museo della via Ostiense
via Raffaele Persichetti, 3 - tel. 06 5743193

MITTELALTERLICHE UND MODERNE MUSEEN

Casino dell'Aurora Pallavicini
via XXIV Maggio, 43 - tel. 06 4742615
www.casinoaurorapallavicini.it/

Galleria dell'Accademia Nazionale di San Luca
piazza dell'Accademia di San Luca, 77
tel. 06 6798850 / 06 6790324
www.accademiasanluca.it

8

Galleria Borghese
piazzale del Museo Borghese - tel. 06 32651329
www.galleriaborghese.it/borghese/it

Galleria Colonna
via della Pilotta, 17 - tel. 06 6784350
www.galleriacolonna.it

Städtische Galerie für Moderne und Zeitgenössische Kunst
via Francesco Crispi, 24 - tel. 06 4742848
www2.comune.roma.it/avi/

Galleria Doria-Pamphilj
piazza del Collegio Romano, 2 - tel. 06 6797323
www.doriapamphilj.it

Nationalgalerie für Antike Kunst im Palazzo Barberini
via Barberini, 18 - tel. 06 4824184
www.galleriaborghese.it/barberini/it

10

11

12

14

15

13

16

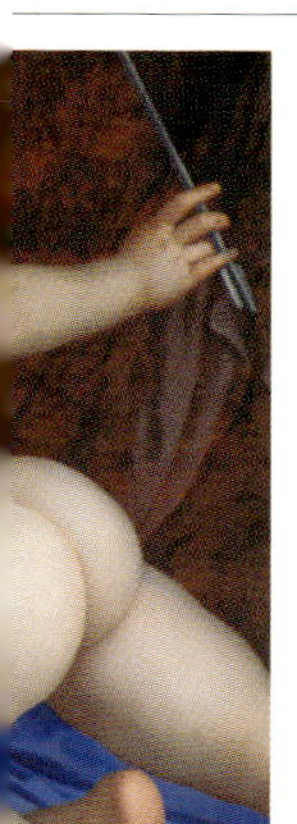

) Galleria Colonna, Sala Grande

1 Galleria Colonna, Bronzino, *Venus, Cupido und Satyr*, Detail

2 Galleria Colonna, Annibale Carracci, *Der Bohnenesser*

3 Galleria Nazionale d'Arte Moderna, Vincent Van Gogh, *L'Arlesienne (Porträt der Madame Ginoux)*

4 Galleria Nazionale d'Arte Moderna, Innenansicht

5 Galleria Nazionale d'Arte Moderna, Innenansicht

5 Galleria dell'Accademia di San Luca, Giuseppe Grassi, *Porträt des Vincenzo Camuccini*

Nationalgalerie für Moderne Kunst
viale delle Belle Arti, 131
tel. 06 322981
www.gnam.arti.beniculturali.it

Galleria Nazionale di Palazzo Corsini
via della Lungara, 10 - tel. 06 68802323
www.galleriaborghese.it/corsini/it

Galleria Spada
piazza Capodiferro, 13 - tel. 06 6832409
www.galleriaborghese.it/spada/it

Frühmittelalterliches Museum
viale Abramo Lincoln, 3 - tel. 06 54228199

Museo Pietro Canonica a Villa Borghese
viale Pietro Canonica, 2 - tel. 06 82059127
www.museocanonica.it

Napoleonisches Museum
piazza di Ponte Umberto I, 1- tel. 06 68806286
www.museonapoleonico.it

Nationalmuseum der Engelsburg
lungotevere Castello, 50 - tel. 06 6819111
www.castelsantangelo.com

Museo Nazionale di Palazzo Venezia
via del Plebiscito, 118 - tel. 06 699941
www.galleriaborghese.it/nuove/spvenezia.htm

Museo di Roma
piazza San Pantaleo, 10 - tel. 06 67108346
www.museodiroma.it

Museo di Roma in Trastevere
piazza Sant'Egidio, 1/b - tel. 06 5816563
www.museodiromaintrastevere.it

Museum der Münzanstalt
Palazzo dei Ministeri Finanziari
via XX settembre, 97 - tel. 06 47613317 www.museozecca.ipzs.it/

MILITÄRMUSEEN

Museo dell'Istituto Storico e di Cultura dell'Arma del Genio
Lungotevere della Vittoria, 31 - tel. 06 3725446
www.esercito.difesa.it/root/musei/museo_genio.asp

Museo Sacrario delle Bandiere delle Forze Armate
Vittoriano, via dei Fori Imperiali
piazza Venezia - tel. 06 47355002
www.museimilitari.it

17

18

19

Museo di Roma, Gian Domenico Porta, *Porträt von Pius VI., der auf die Pläne für die neue Sakristei der Peterskirche hinweist.*

Museo di Roma, Kreis um Antonio Cavallucci, *Porträt des Kardinals Romualdo Braschi Onesti*

Museo di Roma, Michelangelo Pacetti, *Parade der französischen Truppen auf dem Petersplatz*

Villa Borghese, Galleria Borghese

J.B. Isabey zugeschrieben, Museo Napoleonico, *Porträt des Generals Junot mit Tochter*

Museo Napoleonico, Francois-Joseph Kinson, *Porträt der Paolina Bonaparte Borghese*

Museo Storico dell'Arma dei Carabinieri – Historisches Museum der Carabinieri

piazza Risorgimento, 46 - tel. 06 6896696
www.carabinieri.it/Internet/Arma/Ieri/MuseoStorico/

Museo Storico dei Bersaglieri - Historisches Museum der Bersaglieri

piazzale di Porta Pia - tel. 06 486723
www.museimilitari.it

Historisches Museum der Infanterie

piazza Santa Croce in Gerusalemme, 9 - tel. 06 7027971
www.museimilitari.it

Historisches Museum der Sardischen Grenadiere

piazza Santa Croce in Gerusalemme, 7 - tel. 06 7028287
www.museimilitari.it

Historisches Museum der Zollbehörde und Finanzwache

piazza Mariano Armellini, 20
tel. 06 44238841
www.museimilitari.it

Historisches Museum der Befreiung Roms

via Tasso, 145 - tel. 06 7003866
www.istituticulturali.it/moduli/istcult/istituto.jsp?idIstituto=315

22

23

24

25

26

Museum der Sebastians-Katakomben
Cecchignola, viale dell'Esercito, 170 - tel. 06 5011885
www.museimilitari.it

RELIGIÖSE MUSEEN

Museo delle Catacombe di San Sebastiano – Museum der Sebastians-Katakomben
via Appia Antica, 136 - tel. 06 7850350
www.catacombe.org/

Jüdisches Museum Roms
Sinagoga, lungotevere de' Cenci, 15
tel: 06 68400661
www.museoebraico.roma.it/

Museum des Klosters von San Paolo
Basilica di San Paolo
piazzale San Paolo - tel. 06 5410341
www.abbaziasanpaolo.net

Museum des Lateran
Basilica di San Giovanni in Laterano
piazza di Porta San Giovanni - tel. 06 69886433

Museo di San Pancrazio
Basilica di San Pancrazio
piazza di San Pancrazio, 5/d - tel. 06 5810458

Internationales Krippenmuseum
via Tor de' Conti, 31/a - tel. 06 6796146

MUSEEN DER VATIKANSTADT

Briefmarken- und Münzkundemuseum
viale Vaticano - tel. 06 69883005
www.vaticanstate.va/IT/News/nuovo_museo_filatelico_e_numismatico.htm

Kunstgeschichtliches Museum – Schatzkammer Sankt Peter
piazza San Pietro (Eingang im Inneren der Peterskirche) - tel. 06 39967450

Historisches Vatikanisches Museum und Papstresidenz
piazza San Giovanni in Laterano
tel. 06 69886386

Vatikanische Museen
viale Vaticano, 100 - tel. 06 69883860 / 06 69884341
http://mv.vatican.va

3 Vatikanische Museen, Eingangshalle
4 Vatikanische Museen, Eingangshalle der Rüstungen
5 Vatikanische Museen, spiralförmige Treppe
6 Kunstgeschichtliches Museum – Schatzkammer Sankt Peter, Eingang

Geröstete Brotscheiben nach römischer Art

Zutaten für 4 Personen

- 4 reife Tomaten
- 2 Esslöffel fein gehackte, rote Zwiebel
- 2 Esslöffel extrareines Olivenöl
- 4 kleingerissene Basilikumblätter
- 4 Brotscheiben
- ½ Knoblauchzehe
- Salz und Pfeffer

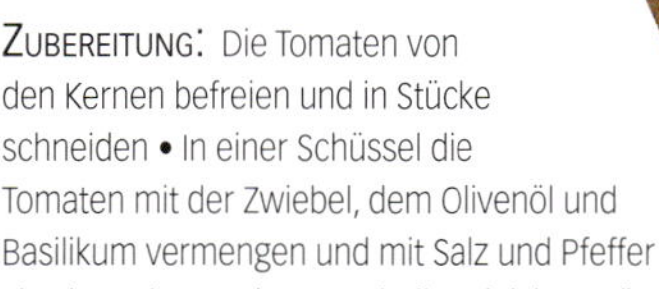

Zubereitung: Die Tomaten von den Kernen befreien und in Stücke schneiden • In einer Schüssel die Tomaten mit der Zwiebel, dem Olivenöl und Basilikum vermengen und mit Salz und Pfeffer abschmecken • Die Brotscheiben leicht anrösten und das heiße Brot mit der Knoblauchzehe bestreichen • Die Brotscheiben in eine flache Schüssel geben, eine Prise Salz hinzufügen, jede Scheibe mit der zuvor vorbereiteten Masse bestreichen und servieren.

Mit Brot ausgebackene Mozzarella-Scheiben

Zutaten für 4 Personen

- 8 Scheiben Weißbrot ohne Kruste, in Dreiecke geschnitten
- 4 dicke Mozzarellascheiben, in Dreiecke geschnitten
- 2 Sardellenfilets
- 1 Glas Milch
- 2 Eier
- Mehl
- Öl zum Frittieren
- Salz und Pfeffer

Zubereitung: Das Mehl in eine Schüssel geben und mit Salz und Pfeffer würzen • Die Hälfte der Brotscheiben auf eine flache Unterlage legen und mit einer Mozzarellascheibe und einer halben Sardelle bedecken • Mit der anderen Brothälfte schließen und das so entstandene Sandwich in der Milch anfeuchten • Danach im Mehl wenden und überschüssiges Mehl abschütteln • In einer Pfanne mit hohem Rand 2 cm Öl erhitzen • In einer Schüssel die Eier verrühren und mit Salz und Pfeffer würzen • Die Sandwichs im Ei wenden und vorsichtig in die Pfanne geben • Auf beiden Seiten im Öl ausbacken, bis sie eine goldgelbe Farbe angenommen haben • Die Sandwichs auf Küchenpapier gut abtropfen lassen, salzen und heiß servieren.

Reiskroketten

Zutaten für 16 Reiskroketten

- 400 g bissfest gekochter Reis (oder Risottoreste)

FÜR DIE HACKFLEISCHSOSSE UND DIE FÜLLUNG

- 200 g Lammhackfleisch
- 200 g gehäutete und in Stücke geschnittene Tomaten
- 1 kleine gehackte Zwiebel
- 1 gehackte Karotte
- 1 in Stücke geschnittene Selleriestange
- ½ Glas Wein
- 1 Esslöffel extrareines Olivenöl
- Salz und Pfeffer
- 200 g geriebenes Brot
- 100 g in Stücke geschnittener Mozzarella
- Olivenöl zum Frittieren

Zubereitung für die Hackfleischsosse: Das extrareine Olivenöl in einem Topf erhitzen • Die Zwiebel, die Selleriestange, die Karotte und das Fleisch hinzugeben und etwa 4 Minuten anziehen lassen • Mit dem Wein ablöschen • Die Tomaten in den Topf geben und die Soße kochen, bis sie dickflüssig wird • Mit Salz abschmecken • Den gekochten Reis mit der Hackfleischsoße anmachen und abkühlen lassen.

Zubereitung der Reiskroketten: Die Hände mit Wasser befeuchten und 16 kleine Kugeln aus dem gewürzten Reis oder dem übriggebliebenen Risotto formen • Mit dem Daumen in jeder Kugel einen kleinen Hohlraum formen • Jede Reiskugel mit einem Stück Mozzarella füllen und fest zusammendrücken, um sie wieder zu schließen • Die Kugeln im geschlagenen Ei wälzen, mit dem geriebenen Brot panieren und mit Salz und Pfeffer würzen • Olivenöl in einer Pfanne bei mittlerer Hitze erwärmen • Die Reiskroketten goldbraun frittieren, auf Küchenpapier abtropfen lassen und heiß servieren.

Penne mit scharfer Tomatensoße

Zutaten für 4 Personen

- 400 g Penne
- 500 g geschälte und entkernte Tomaten
- 2 plattgedrückte Knoblauchzehen
- 1 scharfe Paprikaschote
- 1 Bund gehackte Petersilie
- Salz
- 2 Esslöffel extrareines Olivenöl

Zubereitung: Reichlich Wasser zum Kochen bringen • In einem großen Topf bei mittlerer Hitze das Olivenöl erwärmen und darin die in Stücke geschnittene Paprikaschote und den Knoblauch gut anschwitzen, bis dieser goldgelbe Farbe annimmt • Die zwe Knoblauchzehen entfernen, die Paprikasamen entfernen und die Tomaten in den Topf geben • Salz und eine Viertelstunde kochen • In der Zwischenzeit die Nudeln in kochendem Salzwasser bissfest kochen • Abtropfen lassen und dann in der Pfanne mit der Soße vermengen und bei großer Hitze Geschmack annehmen lassen • Auf einen vorgewärmten Teller anricht en, mit gehackter Petersilie bestreuen und servieren.

Bucatini nach Art von Amatrice

Zutaten für 4 Personen

- 400 g Bucatini
- 200 g durchwachsener Speck vom Schweinskopf, in Stücke geschnitten
- 50 g geriebener römischer Schafskäse
- 3 reife Tomaten, geschält, entkernt und in Stücke geschnitten
- Eine Prise scharfe Paprikaschote in Pulver
- extrareines Olivenöl
- Salz und Pfeffer

Zubereitung: In einem großen Topf reichlich Salzwasser zum Kochen bringen • Olivenöl in einer Pfanne erhitzen und den Speck bei mittlerer Hitze etwa 6 bis 8 Minuten anbraten, bis er sich ein bisschen zusammenzieht • Aus der Pfanne nehmen und zur Seite stellen • In die gleiche Pfanne Tomaten und das Paprikapulver hinzufügen und mit Salz und Pfeffer würzen • Nach etwa 10 Minuten Kochzeit den Speck in die Soße geben und das Ganze vermischen • Während dieser zweiten Kochphase kann schon die Pasta „al dente" gekocht werden • Die Nudeln abtropfen lassen und mit der Soße vermengen • Schafskäse hinzufügen und servieren.

Bandnudeln mit Venusmuscheln

Zutaten für 4 Personen

- 600 g Venusmuscheln, vor dem Kochen mindestens 30 Minuten im kalten Wasserbad einweichen und danach abtropfen lassen
- 450 g Bandnudeln
- 1 Knoblauchzehe
- 1 Esslöffel gehackte Petersilie
- ½ Glas Wein
- 2 Esslöffel extrareines Olivenöl
- Salz und Pfeffer

Zubereitung: Die Venusmuscheln mit einem Glas Wasser in einen Topf geben • Mit Deckel 4 Minuten bei mittlerer Hitze kochen, bis sich die Schalen öffnen • Den Sud abgießen und getrennt aufbewahren • In einem anderen Topf Wasser aufsetzen • Sobald da Wasser kocht, salzen und die Nudeln „al dente" kochen • In einer Pfanne bei mittlerer Hitze Olivenöl erwärmen • Den Knoblauch hinzugeben und etwa 1 Minute anschwitzen. • Die Knoblauchzehe entfernen, Wein und Muschelsud dazugießen • Salzen, pfeffern und aufkochen bis die Flüssigkeit fast verkocht ist • Die abgetropften Nudeln zusammen mit den Venusmuscheln in die Pfanne geben • Mit Petersilie garnieren und servieren.

Teigwaren mit Kichererbsen

Zutaten für 4 Personen

- 450 g Lagane oder Pappardelle (breite, gewellte Bandnudeln)
- 240 g getrocknete Kichererbsen, über Nacht eingeweicht und abgetropft
- 60 g Tomaten, getrocknet oder geschält und in Stücke geschnitten
- 1 Rosmarinzweig oder 2 Lorbeerblätter
- 3 Esslöffel extrareines Olivenöl
- 1 Knoblauchzehe
- Salz und Pfeffer

Zubereitung: Die Kichererbsen in einem Topf mit zwei Liter Salzwasser zum Kochen bringen und mit Deckel auf leiser Flamme etwa 3 Stunden köcheln lassen • Nach der Hälfte der Kochzeit drei Schöpfkellen Kichererbsen pürieren und erneut mit in den Topf geben • In einer Pfanne in ein bisschen Öl die zerdrückte Knoblauchzehe und den Rosmarin anschwitzen und anschließend die Tomaten hinzufügen • Nach 10 Minuten vom Herd nehmen, den Knoblauch entfernen und die Soße in den Topf zu den Kichererbsen gießen • Umrühren und falls notwendig salzen • Die Nudel dazugeben und zusammen mit den Kichererbsen kochen. • Wenn sie gar sind alles in eine Suppenterrine gießen und mit einem Esslöffel Olivenöl und Pfeffer würzen.

Kalbsschnitzel mit Schinken und Salbei

Zutaten für 8 Personen

- 8 dünne Kalbsschnitzel
- 90 g roher Schinken
- 60 g Mehl
- 60 g Butter
- 8 Salbeiblätter
- 1 Glas Weißwein
- Salz und Pfeffer

Zubereitung: Auf jedes Kalbsschnitzel eine halbe Scheibe Schinken und ein Salbeiblatt legen und mit Klarsichtfolie abdecken • Die Kalbsschnitzel auf einer sauberen Oberfläche plattklopfen, so dass sich der Schinken und Salbei gut mit dem Fleisch vermengen, anschließend auf beiden Seiten im Mehl wenden • In einer Pfanne auf mittlerer Flamme die Butter schmelzen lassen und die Kalbsschnitzel anbraten • Sobald die Schnitzel gar sind, auf einem Teller anrichten • Den Wein in die Pfanne gießen und unter Umrühren den Bratensatz lösen • Auf mittlerer bis großer Hitze eindicken lassen • Die Schnitzel mit der so entstandenen Soße begießen und servieren.

Milchlamm nach Jäger Art

ZUTATEN FÜR 4/6 PERSONEN

- 900 g Milchlammkeule, in Stücke geschnitten
- 2 zerdrückte Knoblauchzehen
- 1 Esslöffel gehackter Rosmarin
- 2 Sardellen, in Stücke geschnitten
- ½ Glas Weißweinessig
- 60 ml extrareines Olivenöl
- 1 Glas Weißwein
- Salz und Pfeffer

UBEREITUNG: Mit Stößel und Mörser oder einem Mixer den Knoblauch, Rosmarin und die ardellen zu einer homogenen Masse verarbeiten • Nach und nach den Essig dazugießen und mrühren, bis die Soße gut vermischt ist • In eine Schüssel gießen und abdecken • In einer fanne Olivenöl erhitzen und auf großer Flamme das Lammfleisch anbraten • Salzen und feffern • Mit dem Wein ablöschen und die Essigsoße hinzufügen • Die Hitze drosseln und nit Deckel zwei Stunden köcheln lassen, dabei häufig umrühren • Vom Herd nehmen und vor em Servieren 30 Minuten ziehen lassen.

ORTSREGISTER

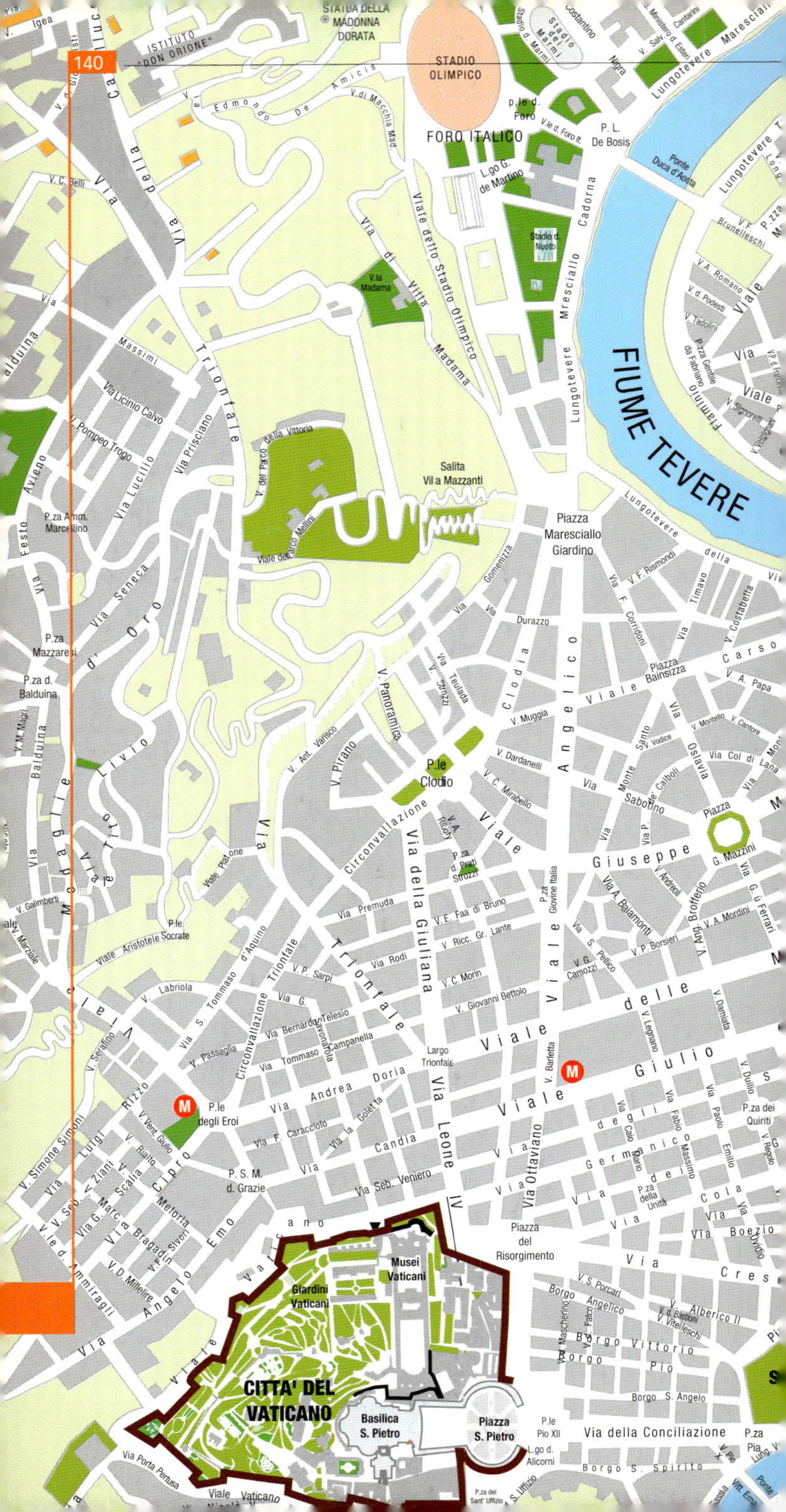
STADIO OLIMPICO
FORO ITALICO
FIUME TEVERE
Stadio d. Nuoto
Salita Vil.a Mazzanti
Piazza Maresciallo Giardino
P.le Clodio
Piazza G. Mazzini
P.le degli Eroi
Piazza del Risorgimento
Musei Vaticani
Giardini Vaticani
CITTA' DEL VATICANO
Basilica S. Pietro
Piazza S. Pietro
Via della Conciliazione
Viale Giulio Cesare
Via della Giuliana
Viale Angelico
Via Trionfale
Circonvallazione Trionfale
Viale delle Milizie
Via Leone IV
Via Ottaviano
Viale Medaglie d'Oro
Via Cipro
Viale Vaticano
Lungotevere Maresciallo Cadorna
Ponte Duca d'Aosta
Viale dello Stadio Olimpico
Via di Villa Madama
Via Candia
Via Andrea Doria
Via Crescenzio
Borgo Pio
Borgo Vittorio
Borgo Angelico
Borgo S. Spirito
Via Porta Pertusa
P.za Mazzaresi
P.za d. Balduina
Via della Camilluccia
ISTITUTO "DON ORIONE"
STATUA DELLA MADONNA DORATA

PARCO DI VILLA GLORI
STADIO FLAMINIO
VILLA BORGHESE
MUSEO VILLA GIULIA
VILLA MEDICI
PIAZZA DEL POPOLO
PIAZZA DI SPAGNA
ARA PACIS
PIAZZA AUGUSTO IMPERATORE
Parcheggio GALOPPATOIO Sotterraneo
PORTA PINCIANA
FONTANA DEL TRITONE
PIAZZA E PALAZZO BARBERINI
P.le Acqua Acetosa
Piazza Apollodoro
P.za Euclide
P.za Santiago del Cile
P.za Pitagora
P.le Manila
P.le d. Belle Arti
Ministero della Marina
Piazza di Siena
Piazza della Libertà
PALAZZO GIUSTIZIA
Corso di Francia
Viale XVII Olimpiade
Viale Pietro De Coubertin
Viale Pilsudski
Viale Maresciallo
Viale Tiziano
Via Flaminia
Via delle Belle Arti
Viale Parioli
Via Bertoloni
Viale Bruno Buozzi
Via U. Aldrovandi
Viale Gramsci
Via dei Monti Parioli
Via Archimede
Viale del Muro Torto
Viale del Galoppatoio
Via Vittorio Veneto
Via del Babuino
Via di Ripetta
Via del Corso
Via del Tritone
Via Sistina
Via Crispi
Via Barberini
Via Quattro Fontane
Lungotevere Michelangelo
Lungotevere Arnaldo da Brescia
Lungotevere delle Navi
Lungotevere in Augusta
Lungotevere Marzio
Lungotevere di Mellini
Ponte Risorgimento
Ponte Margherita
Ponte Cavour
Ponte Umberto I
M

CASTEL SANT'ANGELO
AUGUSTO IMPERATORE
Piazza Cavour
PALAZZO DI GIUSTIZIA
P.za d. Tribunali
Lungotev. Prati
Ponte Cavour
Ponte Umberto I
Lung. di Castello
Lungotevere Marzio
P.za Nicosia
P.za F. Boghese
P.za S. Lorenzo in Lucina
P.za del Parlamento
Via della Scrofa
Via dell'Orso
Lungotev. Tor di Nona
Ponte S. Angelo
P.za P.te S. Angelo
V. dei Coronari
P.za Lancellotti
P.za Montecitorio
P.za COLONNA
PIAZZA NAVONA
PANTHEON
P.za d. Maddalena
P.za d. Pietra
P.za S. Ignazio
P.za CollegioRom.
Corso Vittorio Emanuele II
Corso Rinascimento
Via Giulia
Via del Pellegrino
Via Monserrato
P.za Campo de' Fiori
PIAZZA FARNESE
Area Sacra dell'Argentina
P.za Argentina
L.go Arenula
V. d. Botteghe Osc.
P.za del Gesù
V. Plebiscito
PIAZZA VENEZIA
PIAZZA DEL CAMPIDOGLIO
Lungotevere dei Tebaldi
Lungotevere della Farnesina
Via della Lungara
Ponte Mazzini
Ponte Sisto
Lungot. d. Vallati
Lungot. d. Cenci
V. Arenula
V. d. Portico
TEATRO MARCELLO
Via d. T. Marcello
P.za della Consolazione
Ponte Garibaldi
ISOLA TIBERINA
P.te Fabricio
P.te Cestio
Lungotevere Sanzio
Lungotev. Anguillara
P.za S. Sonnino
P.za S. Egidio
V. d. Lungaretta
TRASTEVERE
P.za in Piscinula
Ponte Palatino
Santa Maria in Cosmedin
PIAZZA BOCCA DELLA VERITA'
CARCERI REG. COELI
ANICOLO
VILLA CORSINI
Via Garibaldi
P.za di S. Cosimato
P.za Mastai
V. L. Manara
Via di S. Franc. Ripa
Via Anicia
V. di S. Michele
Porto di Ripa Grande
Lungotev. Ripa
Lungotever. Aventino
V. Clivio dei Publici
Viale Glorioso
VILLA SCIARRA
Via Dandolo
Viale Trastevere
V.le delle Mura Portuensi
Ponte Sublicio
P.za S. Alessio
Via di S. Sabina
P.za d. Tempio di Diana
P.za d. Emporio
P.za S. Anselmo
Via di S. Melania
P.za S. Prisca
P.za d. Servili
P.za Albania
Via della Marmorata
Lungotevere Testaccio
P.za S. M. Liberatr.
P.za Testaccio
V.le M. Gelsomini
V.le d. Piramide Cestia
Via Portuense
Piazza Ipp. Nievo
Via Aldo Manuzio
Via A. Volta
Via Galvani
Via Nicola Zabaglia
Via Ben. Franklin
EX MATTATOIO
L.go G. B. Marzi
MONTE TESTACCIO
Via Caio Cestio
P.TA S. PAOLO
PIRAMIDE
P.le Ostiense
M
Ponte Testaccio
V. G. da Empoli
V. della Staz. Ostiense
Viale Cave Ardeatine
Via P. Castaldi
P.za F. Biondo
Via A. Bellani
Via del Portofluviale
Via P. Matteucci
Ponte

TERME DI DIOCLEZIANO
PIAZZA DELLA REPUBBLICA
PIAZZA DEI CINQUECENTO
STAZIONE TERMINI
P.za S. Bernardo
L.go S. Susanna
Via XX Settembre
Via Cernaia
V. Volturno
Via Goito
Via Palestro
Castro Pretorio
P.za Indipendenza
Via Marsala
V. Castro Pretorio
Viale Castro Pretorio
V.le Pretoriano
Viale di Porta Tiburtina
V.le P. Gobetti
V. d. Frentani
P.le Sisto V
Via Nazionale
Via Quattro Fontane
Via Barberini
V. S. Basilio
Via Bissolati
Via Firenze
Via Torino
Via A. Depretis
Via Viminale
V. d'Azeglio
Via Cavour
V. G. Amendola
V. Manin
V. Gioberti
Via Milano
Via Palermo
Via Cesare
Via Panisperna
V. dei Serpenti
V. Urbana
BASILICA DI SANTA MARIA MAGGIORE
Via Napoleone III
V. Carlo Alberto
Via Princ. Amedeo
Via F. Turati
Via Giovanni Giolitti
Via G. Lanza
L.go Brancaccio
V. d. Statuto
Piazza Vittorio Em. II
V. Lamarmora
V. Cairoli
Via Bixio
V. Conte Verde
Via Manzoni
V. Leopardi
V. Buonarroti
V. Machiavelli
P.za Dante
Via Merulana
Via Emanuele Filiberto
Via di P.ta Maggiore
Via di S. Croce in Gerusalemme
Via Statilia
CHIESA DI SAN PIETRO IN VINCOLI
Via d. Sette Sale
TERME DI TRAIANO
V. Mecenate
V. Poliziano
COLLE OPPIO
V. d. Annibaldi
V. d. Colosseo
COLOSSEO
Via R. Bonghi
V. Galilei
Via Labicana
Chiesa di San Clemente
Via S. Giovanni in Laterano
Via dei SS. Quattro
Via M. Aurelio
V. Annia
Via Claudia
NINFEO DI NERONE
V. di S. Gregorio
Via di S. Stefano Rotondo
V.S.Paolo d. Croce
VILLA CELIMONTANA
Via Valle delle Camene
Via d. Navicella
Via d. Amba Aradam
Via della Ferratella
Via dei Laterani
BATTISTERO
BASILICA DI SAN GIOVANNI IN LATERANO
P.za S. G. Laterano
Scala Santa
V. Lud. d. Savoia
V. U. Biancamano
Viale Carlo Felice
P.za di p.ta S. Giovanni
P.le Appio
L.go Brindisi
Via Sannio
Via Magna Grecia
Via Veio
Via Faleria
Via Ardea
Via Ipponio
V. Sibari
V. Angiona
V. Apulia
V. Olbia
V. Marruvio
Via Amiterno
Via Gallia
P.za Tuscolo
P.za Tarquinia
Via Cerveteri
Via Ceneda
P.le Metronio
Giotto
Via Tracia
Via Pannonia
Viale Metronio
V. Licia
V. Pandosia
Via Iberia
Via Recina
Piazza Epiro
V. Collazia
P.za Armenia
Via Imera
V. Concordia
Via Satrico
Via Vetulonia
Via Acaia
P.za Zama
Via Siria
P.za Galeria
P.za Roselle
Circonvallazione
Via Latina
Via delle Terme
V. Antonina
PARCO EGERIO
P.le Numa Pompilio
TERME DI CARACALLA
Via Antonina
Via di Caracalla
Via di P.ta Latina
Via di P.ta S. Sebastiano
Baccelli
L.go Terme di Caracalla
Arco di Druso
Porta San Sebastiano
Viale delle Mura Latine
Viale di Porta Ardeatina
Viale Od. Beccari

Der Band ist herausgegeben und realisiert von
ATS Italia Editrice s.r.l.
via di Brava, 41/43 - 00163 Roma
tel. +39 0666415961 - fax +39 0666512461 - www.atsitalia.it

Verlagskoordination *Frida Giannini*
Redaktion *Paola Ciogli*
Bildverzeichnis *Angela Giommi*
Grafik, Umbruch und Einband *Sabrina Moroni*
Scannen und Farbkorrekturen *Leandro Ricci*
Technische Koordination *Flavio Zancla*
Übersetzung *Katrin Gigling*
Stampa *Kina Italia-L.E.G.O.*
Fotografien *Fotografisches Archiv Ats Italia Editrice*
Archiv der Vatikanischen Museen
Archiv Fabbrica di San Pietro
Archiv Electa

Der Verlag steht für weitere Angaben zu den ikonographischen Quellen zur Verfügung.

This volume is also available in English
Ce volume est disponible aussi en français
Questo volume è disponibile anche in lingua italiana
Esta obra también está publicada en español
Настоящая книга вышла также на русском языке

ISBN 978-88-7571-773-5